待望の書

　このたび名古屋市造形教育研究会（通称：名造研）により図画工作科のアイデアブックが上梓された。これまで長い歴史をもつ名造研から図工の題材集が出された経緯は少なく，まさに待望の書といえるだろう。

　内容は，それぞれのパートにおいてこれまでの名造研の研究や検証をもとに作られたものであり，実践にすぐに対応できるものである。レイアウトについても見ていただいて分かるように現場のプロが同業者に向けて書いたものであり，実践のイメージがしやすく，とても使いやすいものになっていると思う。

　本書は，大きく3つのパートに分かれている。

　1つは，図画工作科の基礎・基本及び安全対策にかかわる領域，2つ目は，各学年領域で実施され，検証された題材集。そして3つ目は，その応用的な集大成と言うべき作品展に関するアドバイス。

　まず，1つ目の基礎・基本及び安全対策については，これまで教育現場で起こってきた問題を踏まえ，その支援や環境づくりに関する具体的なアドバイスやポイントがまとめられている。

　また，題材については，これまで名古屋で積み上げられ検討されたものであり，この題材案を参考に安心して実践を積み上げていただけることと思う。左ページでは実践に先立つ詳細な理論的背景，そして，右ページの学習の展開例に関しては，実践のイメージがよく分かって頂けるページになっていると思う。

　そして，最後の作品展のアドバイスは，本書の特長の一つといえるが，子どもの作品をどのように展示すれば造形の魅力や子どもの作品のよさが伝わるかについて，具体的な事例とともに示されている。

　学級担任の皆様におかれましては，是非，本書を参考にしていただき，日々の図画工作科の実践を進めていただければと思います。

平成27年1月

愛知教育大学 教授／同附属名古屋小学校 校長

竹井 史

発刊にあたって

　名古屋市では，小・中・特別支援学校の図画工作・美術に携わる教員で組織する会があります。そこでは，毎年，授業の在り方について組織だって研究を進め，その成果を発表しています。今回は，その研究事例のうち，小学校の図画工作での実践をまとめました。平成27年度には，図画工作の教科書が新しくなります。実践事例集ということで，これまでの実践をまとめてみましたが，学習指導要領の主旨を大切にした実践ばかりですので，新しい教科書の題材にも通じるものだと自負しています。

　発刊にあたり重視したのは，図画工作・美術を専門とはしない先生方に，図画工作の楽しさを理解していただきたいということです。そして，この本を見て興味をもたれた題材を，各学校で実践していただいて，その学校・学級の子どもたちが「図画工作って楽しいな」「もっと図画工作をやってみたいな」という思いをもってもらえるようになれば，たいへんうれしく思います。

　また，授業実践だけでなく，日ごろの図画工作の授業で扱う用具の使い方や技法について，そして作品展の例や，作品展を行う上でのアイデアも掲載してあります。各学校でお役立ていただければと思います。

　国語・算数などの教科での学力重視の傾向が強まり，図画工作・美術を取り巻く状況は，決して明るいものではありません。そんな時だからこそ，図画工作・美術のよさを一人でも多くの先生方，子どもたちに感じ取っていただいて，図画工作・美術のすばらしさをアピールしていきたいと思います。本書が，その一助となり，一人でも多くの先生方の参考になれば幸いです。

　　　　　　　　　　　　　　　　　　　　　名古屋市造形教育研究会　会長
　　　　　　　　　　　　　　　　　　　　　　　　　　赤尾　重雄

造形活動のよさを感じ取ろう

　図画工作という教科は「子どもたちの明日を創る教科，明日の子どもたちを創る教科」といわれたことがあります。

　子どもの成長過程において，学童期は「新しい出会いや学ぶことに喜びを感じる時期であり，自尊感情が育ち自己肯定感を持つ時期」です。この時期の心の発達で，自分のことが好きになり，がんばる子に育ちます。その後，身体が大人になっていく時，心に不安や動揺をもつ思春期を迎えます。しかし，学童期で育まれた自己肯定感が適切であれば，良好な思春期を通り過ぎることができるといわれています。

　こういった自尊感情や自己肯定感を育むために直結している活動の一つが造形活動です。子どもの「思い」や「願い」「考え」に基づき，「うまく思いがつくりだされた！」と喜ぶ姿を眼にしたことがあることでしょう。そのような時に子どもは自己肯定をしており，大人もその喜びに共感してあげることが大切です。学習指導要領の造形遊びに「思い付いてつくること」があります。この時期には「思い付く」ことを大切にし，新しく発想をしていく経験へと発展させ，そのことが自己肯定感の醸成に結び付くよう仕向けることが必要です。

　さらに，教師・友達という他者の存在も造形活動には大切な存在ではないでしょうか。図画工作と他の教科との違いを尋ねられたことがあります。図画工作の特長を尋ねられたと聞き取り，「違いを認め合える教科」と答えたことがあります。表現材料も，表現方法も，出来上がった作品も，一人一人が異なっていて当たり前です。それぞれのよさを容易に認め合えさせることができる場面が授業の中で多く存在しています。授業中，友達の作品や製作の様子を見て「自分とは違う……」と感じている子どもは少なくありません。自尊感情や自己肯定感が育まれている子どもは「自分と違う」そのよさに気付き，驚きと感心をもちます。このことが他者理解につながり，友達を尊重する心へと成長していくと思います。

　このような一連の内容が「子どもたちの明日を創る教科，明日の子どもたちを創る教科」の深いところにある図画工作の本質やよさが見えるように思っています。

　この事例集は，名古屋の造形にかかわる若い教師達の日々の努力の積み重ねをまとめたものです。子どもたちの可能性を引き出し，眼の輝きと笑顔に会える授業の参考になることを願います。

名古屋市文化振興事業団　専務理事
（元名古屋市教育委員会　教育次長）
山田　哲郎

この本の見方・使い方について

　この本には，用具の使い方，題材事例集，作品展のアイデアが載せてあります。
　第1章には，用具の使い方や技法を収録しています。小学校で扱う用具について網羅して一覧にまとめてあります。なお，特に安全面に配慮しなければならない用具については一まとめにしてあります，さらに，絵画表現における様々な技法の数々についても載せておきました。
　第2章の題材事例集は，一目で題材の中身が分かるように，見開き2ページ（下図）となっています。領域ごとにまとめてあり，同一領域の中では，低学年から高学年という順に載せてあります。
　左側のページには題材についての内容が分かるように，右側のページには学習の場面ごとの写真を入れて，題材の流れが分かるようにしています。また，教師の支援のポイントを支援のPOINTで，その場面での評価のポイントを評価のPOINTで示してあります。さらに，場面ごとの教師の主な発問と，児童のつぶやきを示しています。

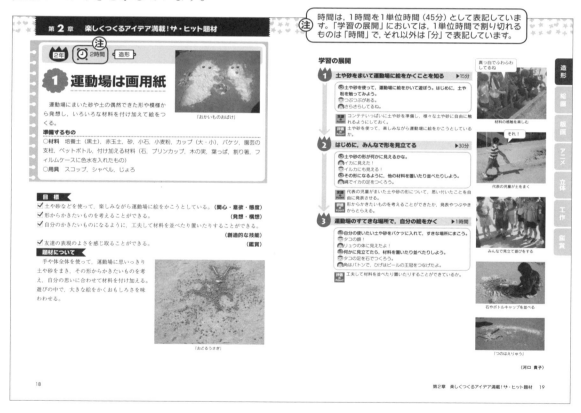

　第3章には，作品展についてのページを載せてあります。特に，共同作品についての例，その他作品展におけるアイデアやノウハウがまとめてあります。

目次

待望の書 …………………………………………………………… 2
発刊にあたって …………………………………………………… 3
造形活動のよさを感じ取ろう …………………………………… 4
この本の見方・使い方について ………………………………… 5

第1章　学級担任も安心！図画工作 指導の基礎基本 …… 8

1　怪我をしやすい用具の扱い方と安全対策 ………………… 8
2　用具別 表現がグーンと広がる技法一覧 ………………… 12
　　①絵の具やパスを使った表現技法 ……………………… 12
　　②特別な用具を使った表現技法 ………………………… 14

第2章　楽しくつくるアイデア満載！ザ・ヒット題材 …… 18

造形

1　運動場は画用紙【2年】 …………………………………… 18
2　学校の中のモンスターをさがそう【2年】 ……………… 20
3　みんなのアースアート【5年】 …………………………… 22

絵画

4　ぐるぐるぴったんこ！【1年】 …………………………… 24
5　たんけん！にじいろたうん【1年】 ……………………… 26
6　広がれ！ふしぎ絵の具ワールド【3年】 ………………… 28
7　つながる思い〜クラスと私〜【4年】 …………………… 30
8　主人公はわたしと…【4年】 ……………………………… 32
9　ミラクルハウス de ドリームロード【5年】 …………… 34
10　私のバースデーカレンダー【5年】 …………………… 36
11　見て，感じて，この場面！【5年】 …………………… 38
12　思いを広げて〜7カードを使って〜【6年】 ………… 40

版画

13　動物といっしょに遊んだら【3年】 …………………… 42
14　参上○○仮面【4年】 …………………………………… 44
15　ありがとう〜私の大切なもの〜【6年】 ……………… 46

アニメ

16　かわれ！パラパラ作品【5年】 ………………………… 48
17　動かそう！イメージワールド【5年】 ………………… 50

立体

18	わくわくどうぶつえん [1年]	52
19	旅行のための彫刻 [2年]	54
20	すきな形 つなげて広げて [3年]	56
21	私のドリームハウス [4年]	58
22	たてよう！○○小モニュメント [5年]	60
23	本物そっくりに [5年]	62
24	私の夢 ドリームボックス [6年]	64

工作

25	ぺったんの森 [1年]	66
26	スイーツいかが？ [1年]	68
27	ともだちロボット [1年]	70
28	よろこんでもらえるかな？ [2年]	72
29	新生ロールカー～メイドイン○○～ [3年]	74
30	エイ！エイ！ゴー!! [4年]	76
31	宇宙の生き物～第2の地球発見～ [4年]	78
32	ビー玉の大冒険 [5年]	80
33	動く？回る？楽しいワンダーランド [5年]	82
34	家族みんなの夢ルーム [5年]	84
35	友達フォトフレーム [5年]	86
36	卒業オブジェ [6年]	88
37	ワクワク○○コースター [6年]	90
38	ふで フデ 筆 [6年]	92

鑑賞

39	まねっこ美術館 [2年]	94
40	とつげき!! 特さつビデオキッズ（工作）[4年]	96
41	クイズ！わたしはだれでしょう（絵画）[5年]	98
42	アートカードを使って美術作品に親しもう～心に浮かぶ夢の世界～ [6年]	100

第3章 実例写真で分かる！「造形作品展」計画と運営ガイド … 102

執筆者一覧 … 112

第 1 章　学級担任も安心！図画工作 指導の基礎基本

1 怪我をしやすい用具の扱い方と安全対策

子どもに手元を見せて実演しながら安全な取り扱いのポイントを伝えること。

1 刃のある用具（切る，彫るなど）

☑ 手渡しの時は刃の方を向けないようにする。

☑ 使わない時はケースやかごなどの安全な場所に入れておく。

☑ 使う前に用意した数を確認しておき，片付ける時は数を確認する。

☑ 危険なものを扱うことをしっかりと認識させ，正しく安全な方法で取り組むようにさせる。

はさみ

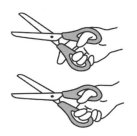

- 刃が若干上向きになるように持ち，紙を動かしながら切る。
- 「チョッキン」ではなく，「チョキチョキ」切る。
- 切りたい線が見えるように紙を持つ。
- 必ず席に座って切る。
- はさみに付いたのりなどは，ふき取っておく。
- 使わない時は，刃を閉じておく。

カッターナイフ

- 基本は鉛筆持ち（図上）で，厚い紙で大きく長く切る時にはナイフ持ち（図下）をする。
- 刃を動かす方向に手がこないようにして，刃の横に押さえる手を置く。
- 形をきれいに切り抜くには，角が少し交わるように長めに切るとよい。
- 刃の先が見える程度に出す（1目盛り）。
- カッターマットを敷いて座って切る。
- 刃が折れて飛ぶ可能性があるので，切る時には力を入れすぎない。

彫刻刀

- 版画作業台を机にしっかりと固定する。
- 鉛筆持ちに手を添えて，両手で彫るようにする。
- 削り跡が1～2cmになるように短く彫る。
- 版木の向きを変えながら，体の正面で外側に向けて彫る。
- かすれの効果がある平刀は，刃の向きに注意させる。
- それぞれ彫り跡が違うので，イメージに合わせて彫刻刀を使い分けたり，彫る向きも工夫したりするとよい。

のこぎり

- のこぎりをひく時に止まるように，作業いすに板材をかける。
- 手や足で固定し，切る場所を真上から見下ろすような姿勢で切る。
- 切り始めは，親指の関節を横に添えながら押すようにして溝をつくる。
- のこぎりの刃が真っすぐ立っているように確認しながら切る。
- 板材の木目に合わせて縦びきか横びきかを選ぶ。
- 力ではなく，のこ身の重さを利用してリズミカルに切るとよい。
- 持って歩く時は，刃を下に向ける。

小刀

- さやから刃を抜く時は，刃の方を外側に向けて，両手の親指を押し合うようにゆっくりと抜く。
- 枝などの細い木材を削る時には，刃をななめに当てて，なめらかに前へ押し出す。

電動糸のこぎり

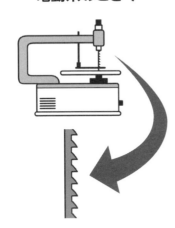

- 糸のこ刃は，左図のような下の向きでしっかり締めて設置する。
- 切る時に板が縦に揺れないように，押さえでしっかりと固定する。
- 刃の先に手がないように手の位置に気を付けながら，板材をゆっくり押しながら切るようにする。
- 同じ形を切る場合，重ねた板材をテープで固定して切るとよい。
- 順番を待つ児童は，糸のこぎりを使う人から離れて待つ（待機線をテープではるのもよい）。
- スイッチのＯＮ・ＯＦＦは自分で行う。
- 使用しない時は，糸のこ刃を外しておく。

2 その他の用具

☑ 重いものが多いので，使わない時はケースやかご，作業机の真ん中などの安全な場所に置くとよい。

☑ 使う前に用意した数を確認しておき，片付ける時は数を確認する（紛失は事故のもと）。

☑ 危険なものを扱うことをしっかりと認識させ，正しく安全な方法で取り組むようにさせる。

金づち　げんのう

- 事前にくさびにゆるみがないか点検する。
- 打ち始めは柄を頭に近いところを持ち，くぎがしっかりとささったら，離れたところを持つ。
- げんのうの平らな面で打ち，打ち終わりは反対の少し丸みのある面で打ち込む。
- くぎの中心からずれないように，真上に振り下ろす。
- 木の枝などは枝が転がらないように雑巾などの布を敷いて打つとよい。

くぎぬき

- 板とくぎぬきの間に，当て木をする。
- てこの原理で，手前に引いて抜く（上に引っぱらない）。
- 抜いて曲がったくぎは，ビンや缶に集めて処分する。

きり

- くぎなどを打つ時には，四つ目ぎりで穴を開けておくとよい。
- 両手ではさんで，すり合わせて下ろすようにしてきりを回す。
- 下に少し湿らせた布や雑巾などの布を敷くと，きりを回しても板が動かず穴を開けやすい。

ラジオペンチ

- ペンチの先でつまんで曲げたり，奥の方ではさみ込んで切ったり丸めたりして針金を加工する。
- 長い針金（30cm以上）を扱う場合，安全に配慮してはじめに先を丸める。
- 針金を切った時に，切った破片が思わぬ方へ飛ぶことがあるので，自分の顔や周りの児童にあたって怪我をしないよう留意させる。

千枚通し

- 厚い紙や紙束に穴を空ける時は，上からゆっくり回しながら差し込んでいくとよい。
- 机を傷つけないためにカッターマットや新聞紙などを敷くとよい。
- 箱などの材料を立てた状態で使いたい時には，机などでしっかりと固定して，材料を持っている手の位置に留意させる。
- どんぐりなどに穴を空ける場合，千枚通しの代わりに，板に1cmぐらい先端を出して打ち込んだクギで空けてもよい。

問題 下の子どもたちは，どんなことを意識して用具を使うとよいでしょうか。授業での指導内容をふまえた上で，用具を使う子どもの気持ちになって，ふき出しに入る言葉を考えてみてください。

用具別 表現がグーンと広がる技法一覧

❶ 絵の具やパスを使った表現技法

表現をもとに発想を広げて絵に表したり，様々な平面作品の演出に生かしたりするとよい。

絵の具の表現技法（例） 〜水の加減で絵の具の表現が広がる〜

にじみ1
画面にぬった絵の具の水分が乾かないうちに，「色」を落とす感じで別の色をのせる。

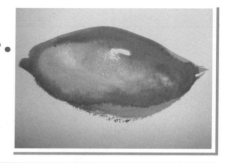

ぼかし
絵の具でぬったところの端などを，水の筆でとかしながら広げていく。

ドライブラシ
水を使わないように絵の具をつけ，ザラザラとした，かすれた感じを出す。絵の具が硬めの場合は少し水でとくとよい。

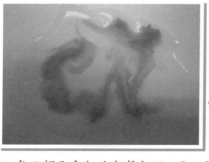

にじみ2
筆で水をぬって，絵の具の色を流しこむ。「水」に泳がせるような感じにし，混ぜてしまわないようにする。

- 色の組み合わせを考えて，2つ目，3つ目の色を入れてもよい。
- 乾いた絵の具に水を含んだ筆でこすったところや，絵の具の水分の多いところをティッシュで吸い取って色合いを調節してもよい。

パスの表現技法（例）〜こすると伸びたり，水をはじいたりする〜

1 重ねぬり

(1) 1色選んでぬり，ぬった端にその色よりも明るい色を重ねてぬる。
(2) ぬったところが少し混ざりグラデーションのようになる。

2 パスのステンシル　用具：パス，画用紙（小），こするもの（ティッシュ等）

- シンプルな形でも並べたり，ずらしたりして表現を工夫させるとよい。
- となり合う色の組み合わせもポイント。

(1)画用紙などを台紙にして，カッターナイフで好きな形に切り抜く。

(2)切り抜いた形の周りに，となり同士の色を工夫してパスで色を付ける。

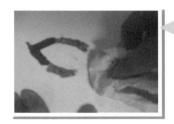

(3)色をつけたいところに型紙を当て，内側に向けてティッシュなどでゴシゴシこすりつける。

(4)となりの色とも混ざりながら内側に淡く幻想的な色がうつる。

3 バチック（はじき絵）　用具：クレヨン，パス，絵の具等水彩用具一式

(1) 画用紙の上にクレヨンやパスなどで絵をかく。
(2) その上から水で溶いた絵の具をぬる。
(3) 絵の具のにじみ，たらし込みなどを組み合わせてもよい。

4 フロッタージュ（こすり出し）　用具：色鉛筆，コンテ，パス，上質紙

(1) 壁や床，木肌，葉っぱなど身の回りのものにやさしく手でふれ，凹凸から様々な模様を感じ取る。
(2) 紙を置き，パスでこすって写し取り，模様の感じを確認する。
(3) 気に入った模様が出たら，何色か組み合わせてカラフルにぬったり，いろいろな色で何枚も写し取ったりするとよい。
(4) 写し取った色や模様をもとにイメージを広げてかき加えたり，好きな形に切り取って作品に加えたりして表現するとよい。

❷ 特別な用具を使った表現技法

1 スタンピング（打包）→たんぽを使った例　用具：布製テルテルぼうず

- 布でテルテルぼうずをつくる。中も同じものでよい。材料は，職場の不要な布などを使うとよい。
- 色づかいや押し方でいろいろ工夫できる。

① 色の工夫…

(1) 1色でもよいが，2色を並べる。

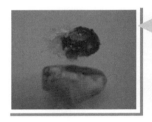
(2) その中間に押しつけて，2色がたんぽの頭につくようにする。

② 押し方の工夫…

軽く押したり強く押したり，または，ねじって押したり……

(3) 紙に押しつけ重ねていくと，2色の中間色ができる。フワッとした表現になる。

例：　緑と黄→　中間が黄緑，木や草が生い茂っている感じ
　　　青と白→　中間が水色，空のような表現

- タオルや軍手の指，エアキャップ（プチプチ）などでつくると，押した跡が変化して楽しい表現になる。
- ステンシルの中に押してもおもしろい。

いろいろな材料の例

用具：いろいろな型，スタンプ台材料（容器，脱脂綿とガーゼ）

- 身近なものを型にし，スタンプ台で色付けをして型押しする（段ボール紙，容器など）。

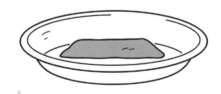

次のものに濃いめの絵の具を染みこませる。
① ぞうきん
② 脱脂綿をガーゼで覆ったもの

巻いて使おう

粘土を加工して版をつくってもよい。
【加工例】　① 形を整える。
　　　　　② 粘土ベラでほる。
　　　　　③ ボタン等をうめる。

2 スパッタリング　用具：ぼかし網，ブラシ，型，（水彩絵の具，コンテ）

絵の具の例

- 歯ブラシに絵の具を付け，ぼかし網の上でこする。細かい点々の色がたくさん付き，星空のような霧のような感じになり，作品の演出ができる。

【表現例】

(A)きりぬいた紙や葉などの型を置いて，絵の具をこすり落とすと，型の形を残して外側に色が付く。

(B)カッターナイフで内側を切りぬいた型の中に絵の具をこすり落としていくと，型の形に合わせた色が付く。

コンテの例

- デンプンのりを含ませた水を用意しておく。
- その水を筆につけ，画用紙に絵や模様をかく。
- かいた上にぼかし網を置き，ぼかし網にコンテをこすりつけ，けずる。
- 細かい点々がたくさん付き，点描のような表現になる。
- 版画の仕上げにも活用できる。版画インクが乾く前に上からコンテをけずり，定着剤をふりかける。

3 ドリッピング（吹き流し）　用具：筆，太めのストロー

- 水で溶いた絵の具をたっぷりと筆に含ませ，画用紙の上にたらす。
- 勢いよく吹いて変化を楽しむ。ストローを使えば，方向をある程度コントロールできる。
- できた模様から想像したことをかき加えたり，表現したりして楽しむ。樹木や珊瑚に見立てられる。

4 ビー玉ころがし　用具：ビー玉，界面活性剤入り台所洗剤，バット等

- ガラスなどの吸い付きがよくなる界面活性剤入りの台所用洗剤を絵の具と水に混ぜる。ビー玉を入れて転がし，ビー玉全体に絵の具が付着して膜をつくっているか，確認するとよい。
- ビー玉の落下防止のために，画用紙や版画用紙を大きさに合うバットやお盆，四角い缶のふたなどに乗せる。
- ビー玉はスプーンなどですくい，紙の上に乗せバットを自由に転がす。
- たくさんのビー玉を使ったり，いくつか色を重ねたりしてもおもしろい。
- できた曲線の模様から想像したことをかき加え，表現を楽しむ。

5 ローラーを使って　用具：ローラー

(1) 型で色ぬき
- いろいろな型をつくり，その上からインクや絵の具を付けたローラーを転がす。
- 型はローラーの方に付いてしまうので，ローラーをころがすと連続で同じ跡ができる。それを避ける場合は，スプレーのりで軽く固定するとよい。

(2) 端をぼかす
- 竹ひごや細長い厚紙などの上にローラーの端を乗せ，ローラーの片側が浮いているようにして転がす。

(3) 手づくりローラーで
- トイレットペーパーの芯と針金のハンガーで手づくりしたローラーで表現するのもおもしろい。少ししわを付けながらセロハンテープを巻きつけると，おもしろい跡ができる。絵の具がおすすめ。

応用編　手づくりローラーに巻く
用具：丸い棒（木材，竹），麻ひもや毛糸，たこ糸，輪ゴムなどまくもの
- 水と台所用洗剤（少々）で溶いた絵の具を筆などで糸に浸し，絵の具を染み込ませる。
- 棒に様々な糸を巻き付けて，紙の上で転がす。ラップの芯やローラーなどを代用してもよい。
- 輪ゴムやエアキャップ（プチプチ）などを巻きつけてもおもしろい。

接着剤の種類（特性と用途）

1 でんぷんのり

- 中指か薬指で付けてぬる習慣をつけるとよい。親指と人差し指が湿ることなく，きれいな指の状態で製作できる。

2 合成のり［ポリビニルアルコール（PVAL）系］

- いわゆる水のり・アラビアのりである。粘り気の強い透明なのりで接着力は強い。
- 手についてもこすり合わせる程度できれいに落ちるので，手を汚さずにきれいに貼ることができる。

3 木工用［酢酸ビニル樹脂系エマルジョン形］

- 乳白色の粘り気の強い水溶性の液体であるが、乾くと透明になる。
- 水溶性なので薄めることができ、絵の具を混ぜて水性塗料のような使い方もできる。

- 小さいボトル型容器を使用してもよいが、大きな容器からの補充を要する。
- 500mL程度の大きなボトルから小さな画用紙などに乗せ、折った紙ベラなどでぬるのもよい。

4 ゴム・皮・万能用［合成ゴム系溶剤形］

- 「Gクリヤー」が一般的。接着方法は以下の2点。
  ① 接着する両面にうすくぬり広げ、時間をおいて接着する。
  ② 接着面同士を「付ける」・「離す」を繰り返してたくさん糸を引かせてから付ける。
- 耐水性。
- 発泡スチロールの材料には不向き。溶ける（専用の接着剤を使うとよい）。

5 スプレー接着剤［合成ゴム系溶剤形］

使用前によく振り、接着面より20〜30cm離してスプレーする。弱粘着性のものは10〜20秒、粘着性のものは2〜3分乾燥させてから貼り合わせる。接着剤を広い面積に均一にぬることができる。弱粘着性のものは、貼ってはがすことが容易にできる。

6 発泡スチロール用［酢酸ビニル樹脂系溶剤形］

発泡スチロールは、シンナーを溶剤とした接着剤には溶けてしまう。この接着剤は透明であり、発泡スチロール同士の接着ばかりでなく、発泡スチロールと紙、木などの接着にも適している。

7 ホットメルト接着剤［エチレン酢酸ビニル樹脂・ポリオレフィン樹脂系］

熱溶融グルー。白い棒状の接着剤（グルー）を電熱で溶かし、その溶けた接着剤が冷えて固まることを利用して接着する。接着力はあまり強くないが、紙・木・布・石など、ほとんどの材料を接着できる。接着剤（グルー）が溶けた部分やノズルの先端は高温になっているので、直接触れないように注意する。

第2章 楽しくつくるアイデア満載！ザ・ヒット題材

2年　　2時間　　造形

1 運動場は画用紙

運動場にまいた砂や土の偶然できた形や模様から発想し，いろいろな材料を付け加えて絵をつくる。

「おかいものおばけ」

準備するもの
○**材料**　培養土（黒土），赤玉土，砂，小石，小麦粉，カップ（大・小），バケツ，園芸の支柱，ペットボトル，付け加える材料（石，プリンカップ，木の実，葉っぱ，割り箸，フィルムケースに色水を入れたもの）
○**用具**　スコップ，シャベル，じょろ

目 標
☑土や砂などを使って，楽しみながら運動場に絵をかこうとしている。**（関心・意欲・態度）**
☑形からかきたいものを考えることができる。**（発想・構想）**
☑自分のかきたいものになるように，工夫して材料を並べたり置いたりすることができる。
（創造的な技能）
☑友達の表現のよさを感じ取ることができる。**（鑑賞）**

題材について

手や体全体を使って，運動場に思いっきり土や砂をまき，その形からかきたいものを考え，自分の思いに合わせて材料を付け加える。遊びの中で，大きな絵をかくおもしろさを味わわせる。

「おどるうさぎ」

学習の展開

1 土や砂をまいて運動場に絵をかくことを知る ▶15分

😊 土や砂を使って、運動場に絵をかいて遊ぼう。はじめに、土や砂を触ってみよう。
🧒 つぶつぶがある。
🧒 さらさらしてるね。

支援のPOINT コンテナいっぱいに土や砂を準備し、様々な土や砂に自由に触れるようにしておく。

評価のPOINT 土や砂を使って、楽しみながら運動場に絵をかこうとしているか。

材料の感触を楽しむ

2 はじめに、みんなで形を見立てる ▶30分

😊 土や砂の形が何かに見えるかな。
🧒 イカに見えた！
🧒 イルカにも見える！
😊 その形になるように、他の材料を置いたり並べたりしよう。
🧒 縄でイカの足をつくろう。

支援のPOINT 代表の児童がまいた土や砂の形について、思い付いたことを自由に発表させる。

評価のPOINT 形からかきたいものを考えることができたか、発表やつぶやきからとらえる。

代表の児童が土をまく

3 運動場の好きな場所で、自分の絵をかく ▶1時間

😊 自分の使いたい土や砂をバケツに入れて、好きな場所にまこう。
🧒 タコの顔！
🧒 リュウの体に見えたよ！
😊 何かに見立てたら、材料を置いたり並べたりしよう。
🧒 タコの足を石でつくろう。
🧒 角はバトンで、ひげはビールの王冠をつなげたよ。

評価のPOINT 工夫して材料を並べたり置いたりすることができているか。

みんなで見立て遊びをする

石やボトルキャップを並べる

「つのはえりゅう」

〈河口 貴子〉

| 2年 | 4時間 | 造形 |

2 学校の中のモンスターをさがそう

学校の中の道具や遊具など様々なものをモンスターに見立てる。

準備するもの
- 材料　四つ切り画用紙
- 用具　両面テープ，マーカーペン，デジタルカメラ

「笑うオルガン」

目標

☑ 学校の中にモンスターに見えるものはないか，探すことを楽しんでいる。
　　　　　　　　　　　　　　　　　　　　　　　　　（関心・意欲・態度）
☑ 道具や遊具からモンスターに見立てることができる。（発想・構想）
☑ 見付けたモンスターに目や口を付けたり，モンスターをデジタルカメラで工夫して撮影したりすることができる。（創造的な技能）
☑ モンスターのおもしろさを見付けることができる。（鑑賞）

題材について

　本題材は，学校の中の道具や遊具をモンスターに見立てる造形遊びである。道具や遊具は，形を変化させることは難しいが，様々な角度から見ることで，様々なものに見立てることができる。

　また，モンスターを単体で鑑賞するのではなく，そのもの同士をかかわり合わせることで，より一つ一つのよさやおもしろさが見付けられるのではないかと考え設定した。

「鉄エビモンスター」

学習の展開

 見立て遊びをする ▶1時間

> 😊 この蛇口の写真を見ていると，何か生き物に見えてきませんか？
> 😀「ゾウ」に見える。水が出る部分が「ゾウの鼻」みたいだ。

支援のPOINT 共通のものから見立て遊びをすることで，児童が本題材の活動内容をつかめるようにする。

評価のPOINT 写真から様々な生き物（モンスター）を想像することができているか。

共通の見立てをするための写真

 モンスターをさがしにいく ▶2時間

> 😊 モンスターを探しに行こう。なかなか見付からない時は，目を付けて見方を変えるといいよ。グループ内で話し合ってもいいよ。
> 😀 ボールとコーンを組み合わせて目を付けると，アイスクリームのモンスターみたい。
> 😀 本当だ。写真に撮ろう。

支援のPOINT 全員がモンスターを見付けられるように，目をつくらせて様々な物に付けるようにする。

評価のPOINT 道具や遊具からモンスターを想像し，デジタルカメラで記録できているか。

モンスター発見！

 見付けたモンスター同士をかかわらせる ▶1時間

> 😊 モンスターたちは，どんな話をしているかな。
> 😀 一人ぼっちはさみしいな。
> 😀 じゃー，みんなで一緒に遊ぼうよ。
> 😀 何して遊ぼうか。
> 😀 そうだ。みんなで鬼ごっこをしようよ。

支援のPOINT 見付けたモンスター同士をかかわらせることで，鑑賞者にそのよさやおもしろさが伝わりやすくなるようにする。

評価のPOINT 友達が見付けたモンスターのよさやおもしろさに気付き，味わうことができているか。

モンスターのお話発表会の様子

〈三浦　薫〉

| 5年 | 4時間 | 造形 |

3 みんなのアースアート

グループで校庭にある自然物を集める。集めた自然物を並べたり、積んだりして作品をつくる。

砂場を利用したアースアート

準備するもの
- ○ **材料** 校庭にある自然物
- ○ **用具** デジタルカメラ、スコップ、はさみ、その他必要な用具

目標

- ☑ 学校で集めた材料を構成する活動を楽しんでいる。　　　　　（関心・意欲・態度）
- ☑ どのように構成すればよいのかを考えている。　　　　　　　（発想・構想）
- ☑ 材料の形や色、場所の特徴を生かして構成している。　　　　（創造的な技能）
- ☑ 友達の作品のよさやおもしろみを感じている。　　　　　　　（鑑賞）

題材について

　本題材は、グループで、学校内で見付けた自然物を工夫して構成することを通して、毎日通っている「学校」という場所やそこにある材料を見つめる。活動を通して、材料の形や色の特徴や美しさに気付いたり、場所の雰囲気をとらえることができると考える。

　本題材の活動はグループで行った。共同で製作することで互いに意見を出し合ったり、助け合ったりするコミュニケーションが生まれると考えた。学校の運動場を中心にして、好きな場所で行う。運動場、観察池、中庭などの中から、希望場所別にグループをつくった。

　本題材の活動を通し、身近な場にも、気付かなかった自然があることに気付かせたい。また、その自然の材料の形や色を見つめ、その環境を生かす活動を通して、豊かな感性が育まれていくと考える。

完成した作品

学習の展開

 1 自然物を集める ▶20分

> 👓 学校にある自然物を集めよう。
> 😊 意外とたくさんあるね。

支援のPOINT 完成をイメージできなくても,とにかくいろいろと集めることが大切であることを伝える。

評価のPOINT 楽しみながら材料集めをすることができているか。

こんなにたくさん集めたよ

 2 場所決めをする ▶20分

> 👓 作品をつくりたい場所を決めよう。
> 😊 ここに枝を立てたらどう?

支援のPOINT 材料を並べたり,積んだりしながらイメージを話し合うようにさせる。

評価のPOINT つくりたいイメージをもつことができているか。

つくりたい場所を話し合う

 3 作品づくりをする ▶120分

> 👓 友達と協力をして作品づくりをしよう。
> ここに,穴を掘って水を流そう。
> この枝の形を生かしてつくりたいな。

支援のPOINT スコップや麻ひもなど,活用できそうな道具や材料を用意する。

評価のPOINT 材料や場所の特徴を生かして構成することができているか。

協力して作品づくりをする様子

 4 作品を見せ合う ▶20分

> 👓 友達の作品のよいところを見付けよう。
> 😊 場所と作品が合っているなぁ。
> 😊 葉っぱの並べ方がきれいだなぁ。

支援のPOINT デジタルカメラで撮影をさせ,相互鑑賞することができるようにする。

評価のPOINT 友達の作品のおもしろさに気付くことができているか,ワークシートへの記述からとらえる。

プロジェクタで写して鑑賞会

〈永峯 亮〉

| 1年 | 2時間 | 絵画 |

4 ぐるぐるぴったんこ！

2人（以上）でパスを使って線をかく。

準備するもの
○材料　四つ切り画用紙　○用具　パス

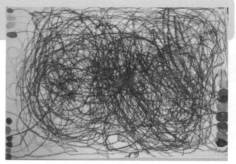

ぐるぐる〜ぴったんこ！

目標

☑ 友達といろいろな色の線ができることを楽しんでいる。　　　　　　　　（関心・意欲・態度）
☑ 線からできる模様を工夫している。　　　　　　　　　　　　　　　　　（創造的な技能）
☑ 自分や友達のかいた線からどんな模様ができたか伝えている。　　　　　　　　　（鑑賞）

題材について

　四つ切り画用紙を縦にして机に置き，縦側に1人ずつ座って2人が向かい合うように座る。友達と向かい合ってパスの使い方の経験をさせる。画用紙の縦のところに「ぐるぐる」と●を1列になるようにかく。「ぐるぐる」した色の中から1色選び，●からスタートして様々な線をかいていく。友達のパスと真ん中あたりで出会うと「ぴったんこ」する。友達と活動することで楽しくパスの使い方を知り，ここからいろいろな絵画活動が広がっていく。

　出来上がった作品を見て，どんな模様ができているか探し，伝え合う。活動中は，パスを動かすことに夢中だったが，じっくり模様を見る時間を設けることで，これからの鑑賞活動につながっていく。

「ぐるぐるぴったんこ」できたよ

どんな模様ができるかな

学習の展開

1 画用紙に●をかき，線をかいていく　▶1時間

> 😎パスで「ぐるぐる」をつくるよ。まず赤色。場所はこの幅の中ならどこでもいいよ（見せながら一緒に行う）。次は，だいだい色（黒・白・茶・以外1色ずつ行う）。
> 😊ぐるぐる〜。
> 😊うわ〜。だんだん●が並んでたまってきた。
> 😊虹みたい。

> 😎パスを1色選んだかな。●からスタートしていろいろな線をかくよ。「ぐるぐるぴったんこ！」
> 😊ぐるぐる〜ぴったんこ！
> 😊ぎざぎざもやってみよう。
> 😊どこでぴったんこする？

支援のPOINT 前で一つ一つ見せながら一緒に行う。

評価のPOINT 線の形や色の美しさ・楽しさをつぶやきや，活動の様子からとらえているか。
友達と出会うまでの間で線の種類を変えたり，自分で考えた模様をかいたりしているか。

何色にしようかな

いっしょに，ぐるぐる

2 友達の作品を鑑賞する　▶1時間

> 😎友達の「ぐるぐる」線をよーく見てみよう。何か形が見えてくるよ。見えたら教えてね。
> 😊さつまいもの葉っぱとさつまいもがあった。
> 😊らいおんみたい。
> 😊らいおんの近くにドーナツがあるよ。

支援のPOINT 一緒に活動した友達と鑑賞活動をする。

評価のPOINT 友達がかいた線から様々な形を見付け教えているか。

らいおんがドーナツをたべているよ

〈松本　明美〉

5 たんけん！にじいろたうん

1年 **4時間** **絵画**

様々な用具を使って，小グループで大きな紙に表現していく。

ローラーやスタンプ遊び

準備するもの
- **材料**　模造紙１グループ１枚，身辺材料，空き容器，スチールたわし，プラスチックフォーク，洗濯ばさみ，割り箸
- **用具**　ローラー，筆，絵の具

目標

☑ いろいろな材料を版に写したり，ローラーや手を使ったりして，活動を楽しんでいる。　　　　　　　　　　　　　　　　　　　　　　　　　**（関心・意欲・態度）**

☑ 集めた材料を使い，いろいろな写し方，形や色の重なり方を考えている。　**（発想・構想）**

☑ 形や色のおもしろさに気付き，形や色を付け足している。　**（創造的な技能）**

☑ 友達と作品を見合い，にじいろたうんを探検しながら形や色のよさを味わっている。**（鑑賞）**

題材について

　４人のグループで１枚の模造紙に「にじいろたうん」を表していく。４人が順番を決め，順番に用具を選び模造紙に彩色していく。順番を待っている時間に，友達のつくり出す形や色に感想をつぶやいたり，次はこんな風に広げていきたいという自分の思いをつぶやいたりすることで，子ども同士の思いのつながりを目的としている。

　また，今回は，わらやもみがらにも彩色を試み，表現に付け足していった。友達と楽しく彩色して，表現を広げていくために，新しい材料との出会いを取り入れた。

どの材料にしようかな

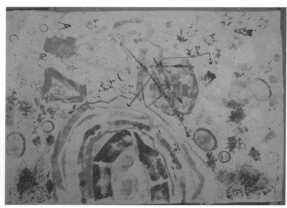
「おしろえりあ」

学習の展開

1 身の回りの材料やローラーを使って，型押しを楽しむ　▶1時間

> 😊 ここにあるローラーや空き容器などを使って型押しをするよ。色も選んでね。
> 🙂 どれを使おうかなぁ。
> 😃 わぁ，たわしもある。どんな形になるのかな。

支援のPOINT 使える用具を紹介し，使い方を説明する。

評価のPOINT いろいろな材料を版に写したり，ローラーや手を使ったりして，活動を楽しんでいるか。
型の形や色を工夫して重ねたり，付け足したりしているか。

材料と色を選ぶ

2 新しい材料を使う　▶70分

> 😊 今日はわらやもみがらを使うよ。絵の具を付けたり切って貼ってみよう。
> 🙂 えっ。どうやって使うんだろう？
> 😃 (友達と話す内に) ここに付けてみようかなぁ。色は水色にしよう。

支援のPOINT わらの使い方を提示し，色を混ぜたもみがらを用意しておく。

評価のPOINT 形や色を工夫して重ねたり，付け足したりしているか。

新材料のわらともみがら

3 出来上がった作品に名前を付ける　▶20分

> 😊 にじいろたうんの町が出来上がったね。一つ一つの場所に名前を付けよう。
> 🙂 なかよしゾーン。
> 😃 ふねのまち。

支援のPOINT 4人でつくった作品のよさを生かせるよう声を掛ける。

評価のPOINT 友達の作品に合う題名を考えているか。

わらに色を付ける

4 友達と作品を鑑賞する　▶1時間

> 😊 にじいろたうんのいろいろな場所を探検して，いい場所を見付けよう！

支援のPOINT 自分のペープサートをつくり，町を探検する。自分のお気に入りの場所を見付けたり，物語をつくったりする。

評価のPOINT 自分のお気に入りの場所を見付けたり，物語をつくったりして伝えることができたか，ワークシートからとらえる。

「マンションえりあ」

〈松本　明美〉

3年　4時間　絵画

6 広がれ！ふしぎ絵の具ワールド

絵の具がつくり出す色や形の変化を楽しみ偶然できた色や形から自分が表したいことを考え，絵に表すことをねらいとしている。絵の具の付き方や模様の好きな部分を生かし，切り取ったり，それを組み合わせたりして不思議な世界を表す。

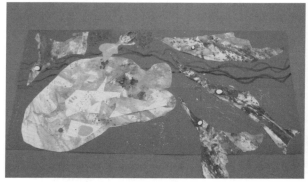

「くじらとなかまたち」

準備するもの

○**材料**　ロール紙10m 3本，色画用紙，チョーク
○**用具**　のり，共用絵の具，刷毛や筆，絵の具皿，養生シート，バケツ

目標

☑ 絵の具がつくり出す色や形の変化を楽しんでいる。　　　　　　　（関心・意欲・態度）
☑ 絵の具がつくり出す色や形から，表したいことを考えることができる。　（発想・構想）
☑ かきたいことに合わせて絵の具の使い方を工夫をして絵に表すことができる。

（創造的な技能）

☑ 友達の表現のよさを感じ取ることができる。　　　　　　　　　　　　（鑑賞）

題材について

絵の具を使って様々な表現方法を何度も試すことで，絵の具の使い方に慣れ，絵の具の可能性を見付けることができると考える。

絵の具の濃さや筆や刷毛の動かし方を変えたり，水の使い方や混色を工夫したりして，表現方法を探りながら，思い切り絵の具とかかわり，表す楽しさを味わわせたい。

「巨大シーラカンス」

学習の展開

1 絵の具でできるいろいろな表現方法と出会う ▶2時間

😊絵の具のいろいろな使い方を試して遊ぼう。
- 絵の具を飛ばそう。
- 色がまざってきれいだね。
- 手でスタンプしよう。

支援のPOINT 「絵の具遊びカード」をつくり,「うすい色」,「こい色」,「にじませる」「点々」「ぐるぐる」「長い線」「たらす」などを書いておき,児童に提示し,徐々に活動が広がっていくようにする。

評価のPOINT 絵の具がつくり出す色や形の変化を楽むことができたか。

足の裏でスタンプだ

2 画面の好きなところをもらって,表したいことを考える ▶1時間

😊絵の具の画面の自分の好きなところを発表しよう。
- ここが森のようで気に入っています。
- お花畑のように小さい花がたくさんあるみたいです。

支援のPOINT ほしい部分が友達と重なっていたら,共同でつくるように声を掛ける。
チョークで線をかいてから切るようにする。
テーマをもち始めた児童を紹介する。

評価のPOINT 絵の具がつくり出す色や形から表したいことを考えることができたか。

ここの部分が気に入っています

別の紙も重ねて貼ろう

3 思い付いたことを表現する ▶1時間

😊思い付いたことに合わせて絵の具でかき加えよう。
- 波しぶきは絵の具を飛ばそう。
- 長い線をかいて,迷路にしたよ。

支援のPOINT もらった部分が何枚もある場合は,色画用紙で台紙をつくるように声を掛ける。

評価のPOINT かきたいことに合わせて絵の具の使い方を工夫して絵に表すことができたか。

絵の具をとばして波しぶきにしよう

〈河口 貴子〉

| 4年 | 8時間 | 絵画 |

7 つながる思い
〜クラスと私〜

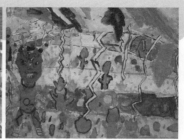

共同作品（左）と，思いでつながる個人作品

大画面にクラスをイメージする絵を共同でかく。共同の絵から，クラスの中の自分を見つめ，自分をイメージする絵を個人でかく。

準備するもの
○**材料** 〈共同〉縦約5m×横約9mの大きさに継ぎ足した画用紙
　　　　〈個人〉四つ切り画用紙
○**用具** 〈共同〉共同絵の具，ローラー，刷毛，学習シート
　　　　〈個人〉絵の具，学習シート

目標

☑ クラスや自分のイメージをもとに，思いを絵や言葉に表すことを楽しんでいる。
　　　　　　　　　　　　　　　　　　　　　　　　　　　　　　　（関心・意欲・態度）
☑ 共同製作で生まれたクラスをイメージする言葉から，自分に合った色や形を選び，自分をイメージする絵を考えている。　　　　　　　　　　　　　　　　　　（発想・構想）
☑ 水彩絵の具による混色や，色の重なりを生かして，クラスや自分をイメージする絵を形や色を工夫して表している。　　　　　　　　　　　　　　　　　　　　（創造的な技能）
☑ 自分と友達の表現のよさや違い，美しさを味わっている。　　　　　　　　　（鑑賞）

題材について

本題材は，自分のクラスを見つめ，クラスのイメージを指やいろいろな描画材を用いて大きな紙に共同でかく題材である。さらに，共同作品から得たイメージをもとに自分を見つめ直し，自分のイメージを画用紙にかく。共同製作では，自然と友達とのかかわり合いが生まれ，自由で大胆な活動の中にも他者を理解していこうとする姿勢が育むことができると考える。また，個人製作では，客観的に自己を見つめることを通して，共感的に友達の作品を鑑賞する力を伸ばすことができ，思いが豊かになることにつながると考えた。

〈個人製作〉遠くを見渡せるキリンに乗って海を渡る自分と，気持ちは朱色で穏やかに表しています

学習の展開

1 共同製作を通して，クラスへの思いが明確になる　▶2時間

- どんどんかいていこう。クラスをイメージしてかこう。クラスに向けた励ましの言葉も書いていいよ。
- 思っ切りかけて楽しい。クラスへ向けた言葉には「笑顔」がいいな。
- 「希望と勇気」「やればできる！」「一生懸命」「友達」「絆」「人はいい所もあれば悪い所も……」など。

共同製作風景

支援のPOINT クラスへの意識を高め，思いを明確にするために，みんなで同時にかき，みんなのかいたものが合わさるようにする。

評価のPOINT 友達のかいた絵や言葉を大切にして，画面内を構成しようとしているか。

2 クラスにぴったりの言葉を決める　▶1時間

- クラスへの温かい思いが膨らんだところで，クラスにぴったりの言葉を決めましょう。
- 「虹」がいい。赤みたいに明るく元気な人もいれば，青みたいに落ち着いていて見えないところで努力している人もいて，みんな違う考えで個性があるからです。

学習シート

「虹」がいいです

支援のPOINT みんながかいた絵や言葉を前に発表させることと，教師の板書で，一人一人の思いを大切にして決めていくようにする。

評価のPOINT 形や色を大切にした言葉を決めることができるか。

3 自分を見つめて，個人製作を行う　▶5時間

- 共同製作作品や「虹」という言葉から，自分にぴったりの色を見付けていこう。自分のことが見えてくるかもしれないよ。
- 大きな絵を見ながら考えると，いろんな色が浮かんでくるよ。
- 色から形をイメージしていけます。

支援のPOINT 色から形を見付けられるように，調べ学習をさせたり，資料を集めたりしておく。

評価のPOINT 自分に合った色や形を見付けることができているか。
絵の具の混色や重なりの美しさを生かして，工夫して絵に表しているか。

夕日が優しくて私にぴったりと言われました。一日の終わりの穏やかな感じ。私ってそんな感じなんだね

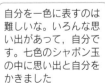
私は色で言うとラベンダー色かな。柔らかい感じの色が，自分らしいと思うよ。いつも笑顔でいたい気持ちも表しました

自分を一色に表すのは難しいな。いろんな思い出があって，自分です。七色のシャボン玉の中に思い出と自分をかきました

友達から，僕の優しい人柄を伝えられ，優しい顔の力強い赤鬼にしました

〈辻本　哲也〉

| 4年 | 6時間 | 絵画 |

8 主人公はわたしと…

自分を主人公にして，自分とつながりのあるものから物語をつくり，心が一番ワクワクする場面のイメージを広げながら表現方法を考え，絵に表す。

「友達と空を飛んで旅に出る物語」

準備するもの
- **材料** イメージ連想マップ
- **用具** 水彩用具，表現技法ができる用具（スパッタリング網とブラシ，たんぽ，パス等）

目標
- ☑ イメージ連想マップをもとにイメージを具体的にすることができる。　　　　　　　　　（発想・構想）
- ☑ 表したい場面のイメージをもとに線や色で絵に表すことができる。　　　　　　　　　（創造的な技能）
- ☑ 友達の表現のよさを見付けたり，自分の課題を見付けたりする。　　　　　　　　　　（鑑賞）

題材について
　好きなものや大切にしているものなど，自分とつながりの深いものとの思いや願いから想像を広げ，「主人公を自分にした物語」の中から一番心がワクワクする場面を絵に表す題材である。

　場面のイメージを具体的にするために，主人公やその周りの様子や雰囲気を表す言葉を書き入れていく「イメージ連想マップ」（右頁参照）を活用して実践する。

　イメージ連想マップは，「自分はこのように表したい」という「イメージの地図」として扱い，イメージづくりや途中鑑賞の時には常に作品と対応させる。

①はじめは，グループで自分のイメージを紹介し合う場面を設定し，マップを見せながら発表したり友達の質問に答えたりしてイメージを具体的にさせ，マップに書き加えるようにする。

②途中作品とマップを見せながら，見通しを伝えたり助言し合ったりする。

③途中作品とマップを並べて掲示し，休み時間にシールや付箋紙で称賛や助言を交わし合うようにする。

活動前の小グループの相互鑑賞　途中作品にマップを添えて掲示

学習の展開

1 イメージ連想マップに表したい場面のイメージを書く　▶1時間

> 😊 大切なものや好きなものと「こうなるといいな」という夢や願いを込めて，自分を主人公にした物語を自由に考えよう。その中で一番ワクワクする場面を絵に表すための「イメージ連想マップ」をつくろう。
> 😀 飼っている小鳥が不思議な力を授けてくれて冒険する物語にしよう。

支援のPOINT マップの端にどんな物語か簡単に書いておき，中央にどんな場面かを書く。
「あるもの」「様子や雰囲気」「表現方法」などを言葉で書いて丸く囲み線でつなげて広げる。

評価のPOINT 表したいものを具体的な言葉で書いてまとめているか。

2 イメージ連想マップをもとに，イメージに合う表現方法を考えながら表現する　▶200分

> 😊 自分のイメージに合う表し方を考えて色で仕上げよう。
> 😀 晴れた空で，雲がもくもくしている感じで表したいな。

小鳥と私の物語「雲の上の大冒険」（上）とそのイメージ連想マップ（右）

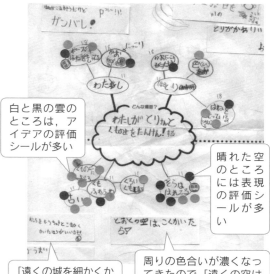

- 白と黒の雲のところは，アイデアの評価シールが多い
- 晴れた空のところには表現の評価シールが多い
- 「遠くの城を細かくかいたら？」というアドバイスも生かした
- 周りの色合いが濃くなってきたので「遠くの空は濃くかいたら？」というアドバイスを生かした

支援のPOINT 製作途中の作品鑑賞のために，2色の評価シール（アイデアと表現），称賛や助言の付箋紙を持たせておき，自由に使えるようにする。
他題材などで，様々な表現方法の体験や交流をさせておき，それぞれの表現方法がもつイメージをつかませておく。

評価のPOINT 自分のイメージに合わせた表現ができているか。

3 鑑賞を通して，完成作品の表現や想像した物語のおもしろさを楽しむ　▶25分

支援のPOINT 完成作品にイメージ連想マップを添えて鑑賞させる。

評価のPOINT イメージ連想マップと照らし合わせながら，作品の表現のよさを見付けているか。

〈安田　拓之〉

| 5年 | 8時間 | 絵画 |

9 ミラクルハウスde ドリームロード

ドリームロードの周りに建つたくさんのミラクルハウス

夢をかなえる設計士になって，自分が住んでみたい想像のミラクルハウスをかく。それをドリームロードの周りに並べ，かかわりあるものを付け加え，夢の街並みをつくっていく。

準備するもの
○材料　A3サイズの画用紙，ラミネートフィルム，ロール色画用紙，染め紙
○用具　カラーペン，学習シート，はさみ，ラミネーター，絵の具

目標

☑「こんな家に住んでみたい」というミラクルハウスやドリームロードをつくることを楽しんでいる。　　　　　　　　　　　　　　　　　　　　　　　　　　**（関心・意欲・態度）**

☑自分や友達の思いのよさを組み合わせたり，新たに付け加えたりして，家や街並みの形や色を考えている。　　　　　　　　　　　　　　　　　　　　　　　　　**（発想・構想）**

☑カラーペンによる色の組み合わせや重なりの美しさを生かし，ミラクルハウスやドリームロードの形や色を工夫して表している。　　　　　　　　　　　　　　　**（創造的な技能）**

☑自分と友達の表現のよさや違い，美しさを感じ取っている。　　　　　　　　　**（鑑賞）**

題材について

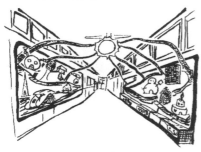
完成予想図

　この題材は，児童が夢をかなえる設計士になって自分が住んでみたい一人一人の想像のミラクルハウスを考え，カラーペンでかいていく。出来上がったミラクルハウスを，ドリームロードの周りに並べて，家と関係があるものを新しく付け加え，夢の街並みをつくる題材である。

　思いを広げる段階や深める段階で，思いをたくさんの絵や言葉に表して集めていき，そのよさや違いから，自分なりの表現に近いものを選び，組み合わせていくことで発想や構想の能力を高める。さらに，色見本を見ることで色の組み合わせや重なりなどの表現のよさを知り，自分で表現方法を試すことによって，創造的な技能を身に付けていくことができる。これらのことを通して，児童が主体的に表現活動に取り組み，表現のよさや美しさを追求する姿を引き出したい。

学習の展開

 1 教師の投げ掛けや学習カードで思いを広げ，深める ▶2時間

- 😊 夢をかなえる設計士になって，自分が住んでみたいミラクルな家をつくろう。
- 🙂 こんな形もいいな。あんな形もいいな。
- 😊 思いのよさに気付き，組み合わせたり付け加えたりしよう。
- 🙂 この色とこの色を組み合わせてみよう。

支援のPOINT　「こんな家に住んでみたい」という思いを絵や言葉で広げ，イメージを明確にして思いを深めるために，投げ掛けや学習カードを工夫する。

評価のPOINT　楽しみながら，自分や友達のよさを組み合わせたり，付け加えたりできるか。

付箋紙に，思いをどんどんかき，学習シートに貼っていく

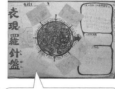
集めた思いを組み合わせたり，付け加えたりして，イメージを明確にする

 2 試しのカードで，カラーペンの色の組み合わせや重なりを工夫する ▶1時間

- 😊 先生のつくった色見本を見て，カラーペンの色の組み合わせや重なりの美しさに気付こう。
- 🙂 いろんな種類のカラーペンを使うと，きれいにできそう。
- 🙂 ○○さんのカードはどうやってかかれたでしょう。
- 🙂 かいた後で，水でにじませたんだね。

支援のPOINT　教師の色見本を参考にさせたり，友達のカードを実物投影機で拡大して見せたりして，よさを共有させ，創造的な技能を高めさせる。

評価のPOINT　カラーペンの色の組み合わせや重なりの美しさをカードに表現できるか。

試しのカード「チョコット下ジキ」の一部

 3 ミラクルハウスをかく ▶2時間

- 😊 学習シートを見ながら，形や色を工夫しよう。
- 🙂 おもしろい形に変化してきたよ。
- 😊 素材の感じは出たかな？
- 🙂 レンガの感じを色の組み合わせで出せた。

支援のPOINT　「チョコット下ジキ」で学んだことを生かしてかかせる。

評価のPOINT　自分なり表現でミラクルハウスをかけているか。

「迷路でゴチャゴチャハウス」　「74匹の猫と会える家」

 4 ドリームロードの周りにミラクルハウスを建てて，街並みをかく ▶3時間

- 😊 ドリームロードはどこを通って，家の周りには何が必要かな。
- 🙂 ロードがぐるっとなった所に，友達と一緒に家を建てよう。空を飛んで，他の友達の家にもつながってる。

支援のPOINT　児童のつぶやきの内容や自由な発想を認めて，夢の街並みをつくらせる。

評価のPOINT　ドリームロードの形や色を工夫し，自分と友達の表現のよさや美しさを感じ取っているか。

製作風景

〈辻本　哲也〉

5年 ⏰6時間 絵画

10 私のバースデーカレンダー

自分の生まれた月の季節感や行事を考え，デジタルカメラで撮影した自分と身近な材料との組み合わせを工夫したカレンダーをつくる。

準備するもの
○材料　画用紙，使い終わったカレンダー，身辺材料
○用具　デジタルカメラ，はさみ，接着剤

「梅雨の生き物に乗って」

目標

☑ 自分の生まれた月の季節感や行事を考え，誕生月のカレンダーをつくることを楽しんでいる。
　　　　　　　　　　　　　　　　　　　　　　　　　　　　　　　　　　（関心・意欲・態度）
☑ 誕生月から思い浮かぶことを想像して，つくりたいカレンダーの構想を練っている。
　　　　　　　　　　　　　　　　　　　　　　　　　　　　　　　　　　（発想・構想）
☑ 材料の組み合わせを工夫して，誕生月のイメージに合うように着色したり接着したりしている。
　　　　　　　　　　　　　　　　　　　　　　　　　　　　　　　　　　（創造的な技能）
☑ 自分や友達のカレンダーのよさやおもしろさを感じ取っている。　　　　（鑑賞）

題材について

「巨大なかき氷」

　自分の生まれた月の季節感や行事を考え，誕生月のカレンダーをつくる。既製のカレンダーの工夫点にも注目し，オリジナルカレンダーを作成することを通して，自分の生まれた日について振り返ることができるようにする。ポーズを考えてデジタルカメラで撮影した自分を作品の中に登場させ，身近な材料との組み合わせを工夫する。自分のつくりたいイメージに沿って色や形を決め，コラージュを楽しみながら製作を進めていく。完成したカレンダーを鑑賞したり教室で使用したりして，みんなで12か月分のカレンダーをつくることの意義や達成感を味わうことができるようにする。

学習の展開

1 既製のカレンダーの工夫点に注目し，つくりたいものの構想を練る　▶1時間

カレンダーの工夫点を見付けよう。
絵や写真の部分と数字の部分に分かれているよ。予定が書き込めるようになっているね。

支援のPOINT　使い終わったカレンダーを準備させ，自分や友達のカレンダーをじっくり観察させる。

評価のPOINT　カレンダーの工夫点を見付け，つくりたいものの構想を考えているか。

カレンダーに注目

2 材料の組み合わせを工夫して，カレンダーをつくる　▶4時間

ポーズを考えて，写真撮影をしよう。
笑った感じで撮ろう。友達の写真も撮って，自分の作品の中に入れたいな。

写真やその他の材料の組み合わせを工夫して，楽しいカレンダーをつくろう。
自分の写真の置き方を工夫したいな。数字は，カレンダーを切り取って使おう。

支援のPOINT　誕生月のイメージを考えさせ，自分の写真が表現の中心となるように製作させる。

評価のPOINT　自分の写真の配置や全体の構成，材料の組み合わせを工夫しているか。

協力して写真撮影

組み合わせを工夫して

3 カレンダーを鑑賞し合う　▶1時間

みんなのバースデーカレンダーは，どんなところが楽しいですか。
写真の使い方が上手。吹き出しがあって，お話している感じがいいね。

支援のPOINT　自分の作品に込めた思いを紹介させ，互いの表現を認め合えるように鑑賞させる。

評価のPOINT　誕生月のイメージを考え，自分や友達のカレンダーのよさやおもしろさを味わっているか。

楽しいカレンダーができたね

〈伊藤　充〉

11 見て, 感じて, この場面!

5年 | **6時間** | **絵画**

学芸会で演じる劇の中で, 見てほしい場面の雰囲気や役の気持ちが伝わるように, 様々な紙や描画材, 身近な材料を用いて絵に表す。

準備するもの
○**材料** 様々な色や材質の紙（画用紙, 段ボール, 新聞紙など）, 身近な材料
○**用具** はさみ, カッターナイフ, 接着剤, 描画材（絵の具, クレパス, チョークなど）

「くもの糸をのぼる!」

目標
☑ 見てほしい場面のおもしろさを伝えようとして, 場面の雰囲気や役の気持ちを表すことを楽しんでいる。　　　　　　　　　　　　　　　　　　　　　　　**(関心・意欲・態度)**
☑ 表したいことを言葉にした「キャッチコピー」をもとに, 表したい雰囲気や, 登場する役の気持ちが伝わる表現を考えている。　　　　　　　　　　　　　　　　**(発想・構想)**
☑ 見てほしい場面の雰囲気や役の気持ちが伝わるように, 様々な紙や描画材, 身近な材料の使い方を工夫して表している。　　　　　　　　　　　　　　　　　　**(創造的な技能)**
☑ 友達が表したかった思いや, 思いに合った表現のおもしろさを感じ取っている。　**(鑑賞)**

題材について

学芸会で演じる劇のせりふをもとに, 場面の雰囲気や役の気持ちが伝わるように絵に表す。家族や友達に,「この場面を見てほしい」という気持ちから表そうという思いをもち, その思いと向き合って試行錯誤していく。

また, 様々な紙や描画材, 身近な材料を用いたり, 表現技法を工夫したりして, 思いに合った表現に結び付ける。

「げきが成功した!」

学習の展開

1 見てほしい場面のキャッチコピーを考える　▶1時間

- せりふをもとに感じ取った場面の雰囲気や、役の気持ちをキャッチコピーにしよう。
- 主人公の心がゆれ動く場面を表したいな。

支援のPOINT 表したいことがより明確になるようなキャッチコピーを考えられるように、助言する。

評価のPOINT 見てほしい場面のおもしろさを伝えたいという思いをもち、キャッチコピーを考えているか。

ワークシートの例

2 キャッチコピーをもとに、表現を試す　▶1時間

- キャッチコピーを確認して、表したい雰囲気や、気持ちに合った表現を見付けよう。
- キラキラと輝いて見える表現はないかな。
- 明るい雰囲気を出したいな。

支援のPOINT 紙や描画材の組み合わせや、身近な材料の使い方を工夫して、たくさん表現を試させる。

評価のPOINT 表したい雰囲気や、登場する役の気持ちに合った表現を考えて、試しているか。

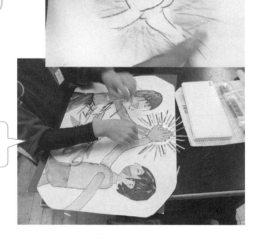

喜んでいる気持ちを伝わりやすくしたいな

3 思いと向き合って、試行錯誤していく　▶4時間

- 試した表現の中から、キャッチコピーに合うものを選ぼう。
- 明るい色で点々の模様を付けて、喜んでいる気持ちを表そう。
- 指で絵の具をぬったり手形を付けたりして、緊迫感をだそう。

支援のPOINT 何度もキャッチコピーや試した表現を見直したり、思いついた表現をまた試したりしながら、表したい雰囲気や気持ちに合った表現をさせる。

評価のPOINT 様々な紙や描画材、身近な材料の使い方を工夫して表しているか。

紙と描画材の組み合わせを試す

〈間宮 めぐみ〉

6年 / 6時間 / 絵画

12 思いを広げて〜7カードを使って〜

本を読んで心に残った場面を絵に表現する。多様な表現方法を取り入れながら，画面構成や彩色を工夫して，表したい場面の特徴をとらえて表現する。

準備するもの
○材料　四つ切り画用紙
○用具　のり，はさみ，絵の具，パス，色ペン

「宇宙一明るい地球」

目標
☑ 自分の表したい場面を，絵に表現する活動を楽しんでいる。　　　　　**（関心・意欲・態度）**
☑ 表したい場面の特徴がよく表れように，場面構成や彩色の方法を考えている。**（発想・構想）**
☑ 表したい場面の特徴がよく表れるように，多様な表現技法を活用して着色することができている。　　　　　　　　　　　　　　　　　　　　　　　　　　　　**（創造的な技能）**
☑ 友達の表現技法に着目したり，表したい場面の特徴をとらえたりしてよいところを見付けたり，アドバイスをしたりすることができている。　　　　　　　　　　　　　**（鑑賞）**

題材について

　本を読んで心に残ったことを絵に表現する。単に絵の場面を表現するのではなく，どんなことが心に残ったのか，何に感動したのかを表現するようにする。

　また，表現の幅を広げるため，表現技法を試す活動を行う。

　製作途中で鑑賞会を行い，友達のよいところを見付けたり，アドバイスを取り入れて，自分が表したいことが絵により表現できるようにしたりする。

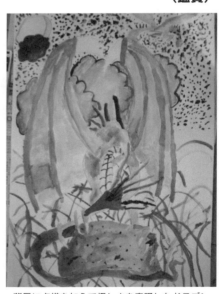

背景に点描を加えて怪しさを表現したドラゴン

学習の展開

1 7カードづくりに挑戦する　▶1時間

😊 たくさんの表現技法に挑戦してみよう！
🧒 グラデーションって，こうやってやるんだね！　きれい！

1　こすこすステージ（クレパスでこすり出し）
2　とばしステージ（筆に付けた絵の具を飛ばす）
3　ポンポンステージ（タンポで叩く）
4　点々ステージ（点描）
5　はじかせステージ（クレパスで絵の具をはじかせる）
6　フーフーステージ（ストローで絵の具を吹き流す）
7　グラデステージ（グラデーション）

支援のPOINT　様々な表現技法を試している子どもに，何に見える？などと声を掛けることで，絵に表現する時に関連付けやすいようにする。

評価のPOINT　表現技法を試す活動に楽しんで取り組んでいるか。

2 心に残ったことを絵に表す　▶2時間

😊 どんなところがおもしろいと思ったのかな？
🧒 宇宙の中の地球が輝いているのがかっこいいと思ったんだ！　グラデーションでやってみよう！

支援のPOINT　彩色の仕方などに困ったら，7カードを活用して，表したいことにつなげるように声を掛ける。

評価のPOINT　表したい場面の特徴がよく表れるように，画面構成や彩色の方法を考えているか。

この技法を使ってみようかな

3 アドバイス取り入れる（仕上げ）　▶3時間

😊 友達から，アドバイスをゲットしよう！　よいと思った意見は取り入れてみよう。
🧒 背景に勢いのある色を付けるといいよって書いてあったから，やってみよう！

支援のPOINT　自分の表現したいものに近づけるようなアドバイスを取り入れて製作の続きを行うよう伝える。

評価のPOINT　表現したいものに近づけるように，工夫して着色したり画面構成を考えたりすることができているか。
友達のよいところをとらえ，さらによい表現ができるようなアドバイスをすることができているか。

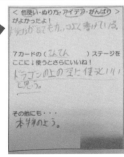

〈八神　まゆ〉

第2章　楽しくつくるアイデア満載！ザ・ヒット題材

3年 ⏰ 8時間 版画

13 動物といっしょに遊んだら

一緒にいたら楽しい動物を紙版で表し,デジタルカメラで撮影した自分との組み合わせを考えて,想像した世界を表現する。

準備するもの
○**材料** 画用紙,版画用和紙
○**用具** 版画用具一式,デジタルカメラ,はさみ,接着剤,水彩絵の具

「アユと競走」

目 標
☑ 紙版画を使って表すことに関心をもち,楽しく取り組んでいる。 **(関心・意欲・態度)**
☑ 動物と遊んでいる自分を想像して,自分や動物,周りの様子をどのように表すか考えることができる。 **(発想・構想)**
☑ 紙版画づくりや水彩絵の具によるかき加えを工夫して表すことができる。**(創造的な技能)**
☑ 動物とのかかわりや会話を想像したり,自分や友達の表現のよさやおもしろさを感じ取ったりしている。 **(鑑賞)**

題材について
一緒にいたら楽しい動物を紙版画で表し,デジタルカメラで撮影した自分との組み合わせを考えて,想像した世界を表現する。動物の紙版画では,動きをはじめ,部品の大きさや重なりの工夫をする。作品の中に,デジタルカメラで撮影した自分を登場させ,紙版画の動物とのかかわりを考えて,水彩絵の具によるかき加えをしていく。自分と動物と背景との組み合わせを考え,楽しい世界を思いえがきながら,表現できるようにしていく。また,作品完成後は,自分の作品についてお話づくりをしたり,作品の中の友達と動物が,どんな会話をしているのか発表し合ったりして作品を鑑賞し合い,思いの共有化を図ることができるようにする。

「一緒にみつを吸おう」

学習の展開

 動物と一緒に遊ぶ自分を撮影し，動物の紙版画をつくって刷る ▶3時間

- 動物と遊んでいる自分を想像して，写真撮影をしよう。動物は，紙版画でつくろう。
- 絵カブトムシの角につかまって，仲よくしている感じにしたいな。大きな版画にしよう。

支援のPOINT 写真撮影する自分のポーズや動物の動きを考えて活動させる。

評価のPOINT 動物とかかわる自分の姿を想像して，楽しく写真撮影や紙版画づくりをしているか。

本物みたいにつくりたいな

 紙版画と写真を組み合わせて，絵の具で背景をかき加える ▶4時間

- 紙版画と写真を組み合わせよう。
- キリンの首につかまっているところだよ。こっちの腕は，向こう側になるね。
- 絵の具で動物と自分が遊んでいる背景をかき加えよう。
- チョウに乗って，空を飛んでいるつもりでかいたよ。全体を明るく仕上げたよ。

支援のPOINT 動物と自分が楽しくかかわる様子が伝わるように，表現を追求させる。

評価のPOINT 紙版画と写真の配置や絵の具での背景のかき加えを工夫しているか。

トビウオに乗ったように

背景をかき加えよう

 作品を鑑賞し合う ▶1時間

- 作品の中の動物と自分は，どんなことを話しながら遊んでいるのかな。
- ワニと一緒に，森の中を探検に行くよ。友達の作品の会話を考えるのもおもしろいね。

支援のPOINT お話づくりをしたり，動物との会話を考えたりして，思いの共有化を図りながら鑑賞させる。

評価のPOINT 作品の世界を想像したり，自分や友達の表現のよさやおもしろさを味わったりしているか。

お話づくりをして発表会

〈伊藤 充〉

4年　9時間　版画

14 参上！○○仮面

彫刻刀で初めて版木を彫って木版画をつくる時に最適。
逆さにしても，どんな仮面でもOK。失敗を恐れず楽しくできる。

「怒ったり悲しんだりする仮面」

準備するもの
○材料　版木，すり紙，インク，墨汁
○用具　筆，チョーク，彫刻刀，手ぶくろ，ローラー，練りばん，ばれん

目標
☑ 彫刻刀で版木を彫ることを楽しむことができる。　　　　　　　　　　（関心・意欲・態度）
☑ 自分の考えた仮面のシルエットを黒でぬり，自分なりのイメージを表す形を考え，彫るところを白の線で表すことができる。　　　　　　　　　　　　　　　　　　　　　（発想・構想）
☑ 安全な彫刻刀の使用法を知り，習熟するともに，手順を理解して刷ることができる。
　　　　　　　　　　　　　　　　　　　　　　　　　　　　　　　　（創造的な技能）
☑ 形のおもしろさや，刷りの効果に気付き，よさを見付けることができる　　　（鑑賞）

題材について

刷りの後，手彩色した作品

　彫刻刀で版木を彫る初めての経験に，子どもたちはワクワク，ドキドキする。夢中になって注意事項を忘れると，怪我につながり，その後意欲が減退してしまう。そこで，一つ一つの工程を丁寧に押さえ，手順を習熟させることが必要になる。また，彫る線を白チョークで試行錯誤しながらかくことによって，彫ったところにインクが付かなくなり白くなるという凸版画の性質を直感的に理解できるようにする。刷りの済んだ版木は，周囲を糸のこで切り取り，加飾し，穴をあけ壁に飾ることもできる。

学習の展開

1 仮面のシルエットを黒でかく　▶1時間

😊 版木に、墨で自分の考えた楽しいおしろい仮面のシルエットをかこう。どんな形がいいかな。
🙂 この形なら逆さにしても大丈夫かな。

支援のPOINT 習字の大筆が大胆にかけてよい。

評価のPOINT 思いついた仮面の形を楽しみながらかくことができたか。

こんな形の仮面にしようかなぁ！

2 白チョークで、彫りとる線をかく　▶1時間

😊 黒いシルエットが乾いたら、白チョークで目や鼻や口などをかこう。自分の考えたおもしろい仮面にしよう。
🙂 白を彫って、インクをつかなくするんだね。

支援のPOINT 掛図などを使って木版画の手順を押さえる。また、彫刻刀の持ち方や使い方もあらかじめ説明しておく。

評価のPOINT 試行錯誤しながらチョークで自分の考えた仮面をかくことができたか。

チョークだと消しゴムで消せばかきかえられるから、簡単！

3 白くするところを彫刻刀で彫る　▶4時間

😊 彫刻刀を動かすのではなく、版木の方を回して、利き手がハンドル、反対の手はブレーキに。利き手の反対の手に手ぶくろをしておくと大きな怪我になりません。使い終わったらすぐにケースにしまおう。
🙂 チョークでかいた線をゆっくり彫るよ。
🙂 サクサクいい音！　くるくるっとした彫りくずがおもしろいね。

支援のPOINT 安全に気を付けて彫らせる。シルエットの周囲は試し彫りをしてもよい。

評価のPOINT 彫りの効果を考えながら丁寧に彫り進めることができたか。

白い線を、版をまわしながら、彫るんだね！気持ちいいー！

4 試し刷り、本刷りをして、鑑賞をする　▶3時間

😊 インクの量に気を付けて、汚さないように。協力して作業しよう。
🙂 色を付けたいな！
🙂 版木もお面にして飾りたいな。
🙂 交換したいな。

支援のPOINT 作業の場所を周知させ、一つ一つの工程を協力して丁寧に取り組ませる。複数刷れた作品を交換するなど、活動を発展させるとよい。

評価のPOINT 形のよさを見付けて伝え合うことができたか。

ローラーは一方通行に動かすんだね

〈土屋　真紀子〉

9時間 版画

15 ありがとう
～私の大切なもの～

小学校生活6年間の中でお世話になった大切なものを，2種類の版画を刷り重ねて表す。

「ありがとう～ 私のプレーを支えてくれた バスケットシューズ」

準備するもの
- ○**材料** スチレンボード，木版，和紙，色画用紙
- ○**用具** スチレンボードにあとをつける道具（ボールペン，フォーク，クッキーの型など），彫刻刀，版画用インク

目標

☑ 2種類の版画の特徴を生かしながら，思いを版で表すことを楽しんでいる。 （関心・意欲・態度）

☑ 大切なものへの思いが伝わるように，表現の仕方を考えている。 （発想・構想）

☑ 表現の仕方に工夫とこだわりをもち，版で表している。 （創造的な技能）

☑ 作品や作者の思いから，表現の工夫やよさを味わっている。 （鑑賞）

題材について

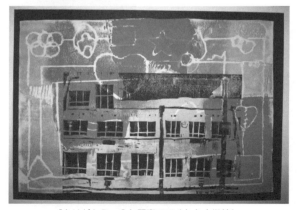

「ありがとう～6年間育ててくれた小学校」

小学校生活6年間を振り返り，いつも自分の身の回りにあったものや自分を支えてくれたものなど，自分にとって愛着のある大切なものに対する感謝の気持ちを，版画で表すものである。大切なものの特徴や関連するイメージ，それを使っている時の自分の気持ちなどを，大判のスチレンボード版画で抽象的に表す。そして，大切なもの自体を中判の木版画で具象的に表し，スチレンボード版画の上に木版画を刷り重ねて完成する。

学習の展開

1 表したい自分の思いをはっきりさせる ▶2時間

- 😊 小学校生活6年間の中で自分のために活躍してくれたものは，どんなものがある？
- 😊 そんな大切なものに，どんな気持ちを伝えたい？
- 😊 「ありがとう」という気持ちや，「これからもよろしくね」という気持ちを伝えたい！
- 😊 大切なものに関連する言葉を，できるだけたくさんワークシートに書き表そう。

支援のPOINT マインドマップを活用したワークシートを用意し，関連する言葉をできるだけたくさん書き表した後，版画の構成を考えることができるようにする。

評価のPOINT 自身の小学校生活や大切なものをじっくりと見つめ，考えを深めているか。

実物(鞄)を見ながら，イメージを膨らませる様子

2 感謝の気持ちを込めて，スチレンボード版画に表す ▶3時間

- 😊 ワークシートに書き表したたくさんの言葉を表現できるように，スチレン版画の色や模様，構図を工夫しよう。
- 😊 サッカーシューズの靴底を使ってあとをつけよう！
- 😊 違う色をローラーでぬり重ねながら色を分けるよ！
- 😊 ここははっきりと色を分けたいから，スチレンボードをカッターナイフで切って，別々に色を付けるよ！

支援のPOINT 思いを書き表したマインドマップと自分の作品を見比べながら制作活動を進めるようにし，思いに合った工夫を重ねることができるようにする。

評価のPOINT 思いが伝わるように，色や模様，構図などの表現の仕方を考えているか。

こだわって色を付ける様子

3 感謝の気持ちを込めて木版画に表し，刷り重ねて完成させる ▶4時間

- 😊 細かいところまで工夫したり，彫りと刷りを繰り返したりしながら，思いが伝わる作品を完成させよう。
- 😊 6年間使ったランドセルのクタクタ感を表現するために，縫い目を少しカーブさせよう！
- 😊 木版画をもっと目立たせるために，スチレン版画の色を変えて刷り直してみようかな！

評価のPOINT 工夫を重ねながら版に表しているか。

彫りと刷りを繰り返す様子

〈大島 聖矢〉

16 かわれ！パラパラ作品

「ブロックができるまで」

デジタルカメラを使って，オリジナルアニメーションをつくる。

準備するもの
- **材料** 材料身の回りの材料（油粘土，ブロック，段ボールなど）
- **用具** デジタルカメラ，プロジェクター

目標
- ☑ オリジナルアニメーションをつくることを楽しんでいる。　　　　　　　　**（関心・意欲・態度）**
- ☑ アニメーションを生かして，形や色，動きによる表し方を考えている。　　**（発想・構想）**
- ☑ デジタルカメラの機能を使い，画面構成や被写体の動かし方を工夫して表している。

　　　　　　　　　　　　　　　　　　　　　　　　　　　　　　　　　　　（創造的な技能）
- ☑ 友達の表現のよさやおもしろさを感じ取っている。　　　　　　　　　　　**（鑑賞）**

題材について
　デジタルカメラを使って，オリジナルのアニメーションをつくる題材である。アニメーションを使って，意外性のある作品が期待できる。子どもたちは，ストーリーをつくっていく中で，様々な材料にふれることができ，形や色，材料を通したコミュニケーションをとることで，表現が深まっていく。

「みかんを食べよう」
みかんが4つありました。あら不思議！　勝手にみかんの皮がむけてきます。さぁ，召し上がれ‼

学習の展開

 参考作品を見て，アニメーションづくりへの思いを高める ▶3時間

> 👀アニメーションを見てみましょう。どんな変化をしているかな。
> 😊粘土が生きているように動いている。

支援のPOINT 子どもたちの意欲を高め，やってみたいという思いを大きく確かなものにする。

参考作品を鑑賞する

 デジタルカメラの扱いに慣れる ▶4時間

> 👀デジタルカメラの機能を試してみよう。
> 😊材料を使って撮ってもいい？
> 😊再生してみると写真が確認できるね。

支援のPOINT デジタルカメラを初めて扱う子どももいるため，十分に試すようにさせる。

評価のPOINT 再生機能や消去機能を活用して様々な表現を試し，形や色，動きによる表し方を考えているか。

デジタルカメラで撮影する

 絵コンテをかき，撮影する ▶1時間

> 👀二人組で，一人はカメラマン，もう一人はアシスタントになり，撮影しよう。
> 😊材料を少しずつ動かしていこうね。
> 😊撮り直しも簡単にできるね。

支援のPOINT 撮影する時は，カメラの位置を一定にすることで画像の中心がずれないようにする。

評価のPOINT 画面構成や被写体の動かし方を工夫して表しているか。

少しずつ被写体を動かす

 発表会をする ▶1時間

> 👀友達の作品のおもしろいところを見付けよう。
> 😊色や材料，動きの変化があっておもしろい。
> 😊最後のオチが工夫されていておもしろいね。

支援のPOINT 材料の並べ方のおもしろさや動かし方の工夫など，感じたことを伝え合うようにする。

評価のPOINT 友達の表現のよさやおもしろさを感じ取っているか。

互いの作品を鑑賞する

〈沢代 宜往〉

5年 / 5時間 / アニメ

17 動かそう！イメージワールド

グループの仲間とのコミュニケーションを通して，イメージを明確にし，クレイアニメを製作する。

準備するもの
- ○材料　紙粘土，画用紙など
- ○用具　絵の具，へらなど

「コロコロ」

目標

☑ 紙粘土の動きをどのように工夫すれば思い通りのクレイアニメをつくることができるのかを構想し，表現している。 **（関心・意欲・態度）**

☑ どのように工夫していくかについて，構想を具体的な言葉にして，練り上げている。 **（発想・構想）**

☑ 用具を使い，構想したことを造形的に表現している。 **（創造的な技能）**

☑ 自他の作品を鑑賞し，そのよさや美しさを，自他の工夫に基づいて具体的な言葉で記述している。 **（鑑賞）**

題材について

本題材は，紙粘土を使ってグループでクレイアニメを製作していく題材である。紙粘土は，何度もつくり変えることができ，試行錯誤しながら製作を進めることができる材料である。そして，グループでの活動とすることで，仲間とのコミュニケーションを通して自分のイメージをより明確にし，表現していけると考えた。

「森のへびさん」

学習の展開

1 クレイアニメを見てみる　▶1時間

> 👀 クレイアニメを知っていますか？
> 😀 どうやってつくるの？
> 😀 おもしろそう！　早くやってみたい！

支援のPOINT　様々なジャンルのクレイアニメを見せ，イメージの幅を広げさせる。

評価のPOINT　クレイアニメについて知り，後の活動に対して意欲的になっているか。

2 クレイアニメを製作する　▶3時間

> 👀 グループで協力してクレイアニメを製作しよう。
> 😀 私たちはストーリーをつくってから紙粘土をつくるよ。
> 😀 ぼくたちはできた形を撮影していくよ。

支援のPOINT　「アイデアゾーン」と「製作ゾーン」の二つの場をつくり，子どもたちが活動しやすい方で製作させる。
材料に触れさせながら構想させる。

評価のPOINT　動きや物語を工夫しているか。
用具を効果的に使用しているか。

アイデアゾーンの様子

製作ゾーンの様子

3 クレイアニメを鑑賞する　▶1時間

> 👀 完成した作品を鑑賞しよう。
> 😀 今度はもっと長いアニメにしたい！　撮影場所を工夫したいなぁ。

支援のPOINT　グループで意見交換しやすい環境をつくり，鑑賞させる。互いの作品のよさを「○○から○○と感じた」といった定型文をもとに言葉にさせる。

評価のPOINT　互いのよさや工夫を感じ取っているか。

鑑賞会の様子

〈秋田　英彦〉

| 1年 | 4時間 | 立体 |

18 わくわくどうぶつえん

子どもたちにとって身近である動物を油粘土で表し，周りの様子を工夫して動物園をつくる。

準備するもの
- **材料** 油粘土，色画用紙
- **用具** 粘土板，はさみ，のり

「ゾウさんの水浴び」

目標

- ☑ つくった動物とかかわりながら，動物園づくりを楽しんでいる。　　　　　（関心・意欲・態度）
- ☑ つくった動物が生き生きとするように，周りの様子を考えている。　　　　（発想・構想）
- ☑ 動物園のイメージをもとに，周りの様子や飾りを工夫して表している。　　（創造的な技能）
- ☑ 動物と周りの様子の組み合わせのよさを味わっている。　　　　　　　　　（鑑賞）

題材について

本題材は，子どもたちにとって身近である動物を油粘土でつくり，友達の作品と合わせて，動物園をつくる題材である。子どもたちは，今までに，動物を見たり触ったりと様々な体験をしていると思われる。そのため，想像を広げやすい。そして，友達同士で話し合いながら，つくった動物が生き生きと楽しんでいるように背景や飾りを考え，動物園をつくり上げていく。

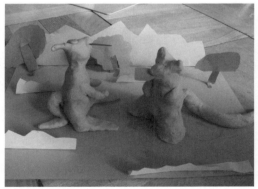

「カンガルーの夫婦」

学習の展開

1 つくりたい動物を決める
▶1時間

- ビデオを見て、動物の形や動きや様子を見よう。
- 動物の真似をして、動いてもいい?

支援のPOINT 子どもたちの意欲を高め、はじめの思いを大きく確かなものにするために、実際の動物たちの形や動き、動物園の様子を映像で見せる。

評価のPOINT 動物の映像を見ながら、体全体を使って動物の形や動きを楽しんでいるか。

ペンギンの真似をしている様子

2 つくりたい動物をつくる
▶1時間

- 一番つくりたい動物をつくろう。
- 大きなゾウをつくろう。
- かっこいいライオンにするぞ。

支援のPOINT 粘土の様々な表現方法を使いながら、一番つくりたい動物をつくるようにする。

評価のPOINT 動物の形に合わせ、表現技法を組み合わせて工夫しているか。

足をひねり出してつくっている様子

3 動物園をつくる
▶1時間

- どんなものがあると動物たちは楽しくなるかな。
- サルは木がいっぱいあると喜ぶよ。
- えさもあった方がいいね。

支援のPOINT つくった動物で遊ばせながら、周りの様子を考えさせる。

評価のPOINT つくった動物が生き生きとするように、周りの様子を考えているか。

周りの様子をつくっているところ

4 動物園に行こう
▶1時間

- それぞれの動物を持って、みんなの動物園に行こう。
- 海で泳いで気持ちよさそうだね。

支援のPOINT 動物と周りの様子をかかわらせながら、鑑賞活動をさせる。

評価のPOINT 動物と周りの様子の組み合わせのよさを味わっているか。

完成した作品

〈沢代 宜往〉

| 2年 | 2時間 | 立体 |

19 旅行のための彫刻

折りたたんだ紙に切り込みを入れ，開いた時にできる形から発想してつくることをねらいとしている。持ち運びができる彫刻として，開いた時に形が飛び出したり，置いた時の感じを楽しんだりしながら活動できる。

「旅行のためのふんすい彫刻」

準備するもの
- ○**材料** 画用紙，色画用紙
- ○**用具** のり，はさみ，カッター，カッター板

目標

☑ 楽しみながら，折りたたんだ紙に切り込みを入れたり折ったりして，開いた時の形を変えることができる。　　　　　　　　　　　　　　　　　　　　　　　　　**（関心・意欲・態度）**

☑ 開いた形から，つくりたいものを考えることができる。　　　　　　　　**（発想・構想）**

☑ 切り込みの入れ方や折り方を工夫してつくることができる。　　　　　　**（創造的な技能）**

☑ 友達の表現の工夫に気付き，その違いやよさを見付けることができる。　　　　**（鑑賞）**

題材について

折りたたんだ紙に切り込みを入れ折って開くと形が飛び出す。置き方を変えたり，様々な角度から見方を変えると，形のおもしろさに気付くことができる。はさみやカッターナイフで，切り込みの入れ方を工夫したり，折り方を工夫したりして形を変えるおもしろさを味わいながら活動できる。また，できた後に様々な角度から形を見て，その形を何かに見立てたり，テーマを考えたりして，さらに形を変えたり，飾りを付けたりしていく。

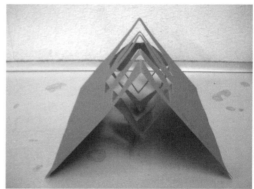

「ふしぎなトンネル」

学習の展開

1 「旅行のための彫刻」を知る ▶15分

- これは何だと思いますか？。
- カードかな？ 赤い蜘蛛みたい。
- バラの形が飛び出している。
- これは、鞄に入れて持ち運べる彫刻です。どこでも好きな場所に開いて、彫刻を飾ることができます。
- つくってみたいな。

支援のPOINT ブルーノ・ムナーリの「旅行のための彫刻」の写真を見せ、「つくってみよう」と投げ掛ける。

2 切り込みを入れたり、折り方を考えたりして、紙の形を変える ▶30分

- 紙の形を変えよう。
- 飛び出したよ。
- 折り方変えると、飛び出し方もちがうよ。

支援のPOINT 八つ切りの半分の画用紙をたくさん用意し、失敗を気にしないで試すことができるようにする。おもしろい飛び出し方を紹介する。

評価のPOINT 切り込みの入れ方や折り方を工夫してつくることができる。

飛び出してきた

3 テーマを付け、さらに形を変える ▶1時間

- 開いて置いた時に、形が何かに見えるかな。自分の彫刻にテーマを付けて、さらにつくろう。
- 光線みたいに飛びだしているよ。
- 昆虫が浮き出てきた。
- 噴水に色の違う紙でしぶきを付けたい

支援のPOINT 様々な向きや角度から、形を見たり、置き方を変えたりするように投げ掛ける。

評価のPOINT 開いた形から、つくりたいものを考えることができる。

まわりも切ったよ

横から見ると違った感じ

しぶきを紙でつくりたい

「お面ライオン」

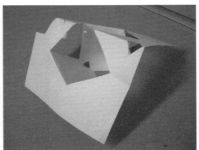
「すてきな屋根」

〈河口 貴子〉

| 3年 | 4時間 | 立体 |

20 すきな形 つなげて広げて

思い付いた方法で画用紙の形を変え，好きな形を見付ける。さらに，形をよく見て，仲間の形とつなぎ，新たな形を見付け，着色する。

準備するもの
- **材料** 四つ切り画用紙，黒い画用紙
- **用具** ステープラー，共用絵の具

「海ぞく船」

目標
- ☑ 楽しみながら，紙の形を変えたり，友達の形とつなげたりしている。**（関心・意欲・態度）**
- ☑ つないだ形からイメージをもつことができる。**（発想・構想）**
- ☑ 紙の形の変え方や，友達の形とのつなげ方や着色を工夫することができる。**（創造的な技能）**
- ☑ 形のおもしろさを見付けることができる。**（鑑賞）**

題材について

画用紙がもつ材料のよさを味わい，積極的に材料や形とかかわりながら，思い付いた方法で紙の形を変え，好きな形を見付けていく。

さらに，様々な角度から見たり，組み合わせや置き方を試したりしながら形をよく見て，仲間と共につなぎ方を考え，新たな形を見付けテーマを考える。共用絵の具でテーマに合った着色をする。黒い台紙にも世界をかき加えることができる。

「空とぶ郵便屋さん」

学習の展開

1 いろいろな方法で画用紙の形を変える　▶30分

😊 画用紙の形を変えて遊ぼう。どんな方法があるかな。
👧 丸める。
👦 しわをつける。
👧 折る……

支援のPOINT 子どもが思い付いた方法を拾い上げ、黒板に書く。
例：ねじる・しわをつける・やぶる……

評価のPOINT 思い付いた方法で、四つ切り画用紙の形を変え、形が変わるおもしろさを思う存分楽しむことができたか。

丸めると形が変わるね

2 形をつなげる　▶1時間

😊 友達の形とつなげよう。
👧 形をつなげたら、船みたいだね。

支援のPOINT 互いの形をよく見て、相談しながらつなげるように声を掛ける。テーマをもち始めたグループを紹介する。

評価のPOINT 思い付いた方法で紙の形を変え、つなぎ方を工夫することができたか。

形を立ててつなげよう

3 形を見立て、テーマを決める　▶15分

😊 つなげた形が何に見えるかな。テーマを付けよう。
👧 空を飛んでるみたい。
👦 魚に見えるよ。巨大魚だ。

支援のPOINT 黒い台紙を形の下に敷き、形がよく分かるようにし、別の紙にテーマ（題名）を書くようにする。

評価のPOINT つないだ形からイメージをもつことができたか。

カバンがあるゆうびんやさんに見えるよ

4 テーマに合わせて色を付ける　▶2時間

😊 テーマに合った着色をし、さらに形がよく分かるようにしよう。台紙も使おう。

支援のPOINT イメージに合った着色をしたり、台紙にかいていたりするグループを取り上げ、紹介する。

評価のPOINT イメージに合った着色の仕方を工夫することができたか。

台紙にも海の様子をかこうかな

〈河口　貴子〉

4年　6時間　立体

21 私のドリームハウス

ペットボトルの組み合わせ方やかざり方を工夫して，住みたい家を立体に表す。

準備するもの
○**材料**　ペットボトル，紙粘土，ビーズやモールなどの装飾品
○**用具**　はさみ，接着剤

「宇宙センター」

目標
☑ ペットボトルと紙粘土で，住みたい家をつくることを楽しんでいる。　　**（関心・意欲・態度）**
☑ 家を表すために，形や色，組み合わせなどを考えている。　　**（発想・構想）**
☑ ペットボトルや紙粘土の特性を生かした接合や装飾を工夫している。　　**（創造的な技能）**
☑ 自分や友達の作品について話し合い，家の形や色のおもしろさ，表現の工夫などをとらえている。　　**（鑑賞）**

題材について
ペットボトルという透明な材料と紙粘土という白い材料を組み合わせることで，独特でおもしろみのある形をつくることができる。子どもはペットボトルで形を組み合わせながら，つくりたいドリームハウスのイメージをもつことができる。

グループをつくることで，多くの友達とかかわりをもちながら製作でき，その中で活動を行った。鑑賞では，共通点をもった作品同士を並べて街づくりを行い，作品は表し方や材料によって印象が違うことに気付かせる。

「空飛ぶジェットハウス」

学習の展開

ユニークな形の建物の写真を見る
▶1時間

> 😊 建物の写真を見て、お気に入りを見付けましょう。気に入った理由は何ですか。
> 🙂 この建物、大きくて迫力があるね。
> 😀 ぼくはこの建物、最初はいいと思わなかったけど、Aちゃんの意見を聞いて、よさが分かるようになったよ。
> 🙂 いろいろな家があるんだね。

支援のPOINT 気に入った理由をメモさせ、感じたことを誰もが知ることができるようにする。

評価のPOINT 建物の形のおもしろさをとらえ、表したい家を考えているか。

写真を囲んで話し合う

ペットボトルを組み立てて形をつくり、紙粘土などで飾り付けをする
▶4時間

> 😊 さぁ、ドリームハウスをつくりましょう。
> 🙂 Bくんの組み立て方、おもしろいね。ぼくは高く組み立てるよ。
> 😀 紙粘土の付け方を工夫しよう。

支援のPOINT 友達の工夫したことを見ることができるように、グループをつくって製作をさせる。

評価のPOINT ペットボトルや紙粘土の特性を生かした接合や装飾などをしているか。

友達の工夫に興味を示す

ドリームハウスを鑑賞し合う
▶1時間

> 😊 友達の作品ですてきな所を見付けましょう。
> 🙂 だんごやクッキーのかざりがしてあるよ。おいしそう。
> 😀 紙粘土を細長くして巻き付けてあるのがいいね。

支援のPOINT いろいろな方向からの見方を楽しみ、他の子の感じ方を知ることができるよう、作品の下に紙を敷き、よいと感じたことを書くようにする。

評価のPOINT 作品について話し合い、形や色のおもしろさ、表現の工夫などをとらえているか。

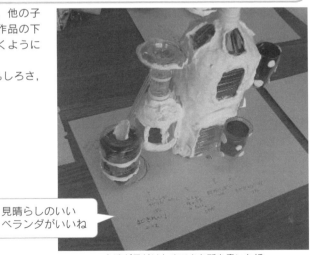

見晴らしのいいベランダがいいね

友達が見付けたすてきな所を書いた紙

〈原 千絵〉

5年　8時間　立体

22 たてよう！○○小モニュメント

学区を象徴し，飾りたくなるようなモニュメントをアルミ針金でつくる。

準備するもの
○**材料**　アルミ針金，カラーアルミ針金
○**用具**　カラーペン，ペンチ，付箋紙

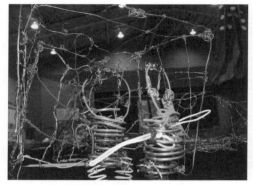

「みんなで元気にサッカー」

目標
☑ アルミ針金を曲げて，モニュメントをつくることを楽しんでいる。　　（関心・意欲・態度）
☑ 自分の思いや言葉からイメージを明確にして，形や色を考えている。　（発想・構想）
☑ アルミ針金の特徴を生かし，形や色を工夫して表している。　　　　　（創造的な技能）
☑ 自分と友達の思いや表現のよさや違いを感じ取っている。　　　　　　（鑑賞）

題材について

学区のよさを考え，学区を象徴し，学区に飾りたくなるようなモニュメントをつくる。材料には，アルミ針金を用いる。アルミ針金を用い，形や色を工夫して，自分が思う○○小モニュメントをつくる。学区から連想する言葉を集め，アルミ針金を曲げる楽しさを味わいながら，形や色のイメージを思い描き，形や色に込められた思いを明確にする。さらに，思いに合った作品にするため，中間鑑賞では付箋紙に友達へのアイデアや称賛の言葉を書いて交換する。作品に対する思いを明確にし，形や色を工夫することで，つくり出す喜びを味わうことができると考える。

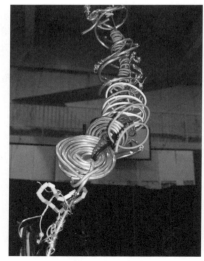

約1.5mある。
台風をイメージした作品

学習の展開

1 材料に触れながら学区から連想する言葉を集める ▶2時間

😊 針金を曲げたり，つなげたりする中から，学区から連想する形を見付けていこう。
👧 アルミをグルグル巻く感触がいいな。このグルグルをたくさんつくったら，台風の形に生かせると思うよ。

支援のPOINT あらかじめ学区を見て歩き，学区の特徴を見付けさせておく。材料で遊ぶ時間を設けて，その中から材料の特徴をつかませる。

評価のPOINT アルミ針金を曲げたり，つなげたりすることを楽しみ，連想する言葉を集めているか。

4年生で勉強した，伊勢湾台風のすごい強さと，その後の学区の復興を連想しました

材料に触れることで，形を見付ける

2 〇〇小モニュメントをつくり，途中の中間鑑賞で意見を交換する ▶3時間

😊 付箋紙に，友達の思いや作品への「すごいねぇ」という言葉や，「こうしたらいいよ」というアドバイスを書いていこう。
👧 みんなから，ほめられてうれしいな。それに，思い付かなかったアイデアをもらったよ。
👦 付箋紙にいろいろ書いてくれたけど，僕がしたいことと少し違うな。自分の思いが変わらなくてもいいですよね。

支援のPOINT 友達の思いや，表現のよさを見付けさせることで，自分との違いや友達の思いや表現のよさに気付くことができるようにする。

評価のPOINT 様々な意見を聞き，自分の作品の形や色を工夫することができたか。

友達から もっと渦をたくさんにした方が，伊勢湾台風の勢力の強さを表せると思うよ

友達の言葉から，どんどん長くなる

3 〇〇小モニュメントを完成させ，振り返りの鑑賞をする ▶3時間

😊 作品から伝えたい思いが，友達に伝わるといいですね。
👧 友達の製作途中の作品を，中間鑑賞で見ているから，どんどんよい表現になっているのが分かるよ。

支援のPOINT 中間鑑賞で付箋紙を渡した友達の作品を中心に鑑賞させ，表現の工夫を見付けるようにする。

評価のPOINT よさだけでなく，違うことも認められているか。

友達から 体内の赤いはりがねが先生の熱愛をうつしたはりがねの力強さを表しています。

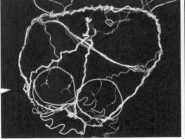

友達から 人がつながっていてみんなつながってる車輪・みんな仲間というのがとてもよく伝わってきてよかったです。

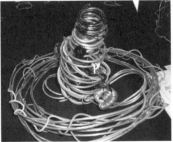

自分の振り返りと，友達からの感想から，思いが形や色で表されていることが分かる

〈辻本 哲也〉

5年　 ⏰ 4時間　立体

23 本物そっくりに

本物の質感そっくりの食べ物を紙粘土で表現する。

準備するもの
- **材料**　紙粘土，絵の具
- **用具**　質感を写し取るもの（たわし，布，ネットなど），粘土板，粘土べら

「真鯛の食品サンプル」

目標
- ☑ 身の回りにあるものやそっくりなものをつくることを楽しんでいる。**（関心・意欲・態度）**
- ☑ 食卓や冷蔵庫などに置いたり飾ったりすると楽しいものを考えている。**（発想・構想）**
- ☑ 本物そっくりの形や色，質感などの表し方を工夫してつくっている。**（創造的な技能）**
- ☑ つくったものを日常の風景に置き，表し方のよさやおもしろさを味わっている。**（鑑賞）**

題材について

「本物そっくりにつくろう」という提案から，本物をじっくりと見たり，感触を確かめたりして，形や色，質感などをとらえ，本物そっくりにするにはどのような表現方法がよいのかを考える。そして，本物そっくりにつくるために，形や質感など何度も繰り返し試して，表現方法を追求することができると考える。また，作品を器に入れ，実際の食卓などに飾って鑑賞活動を行うことで，日常の生活や環境に変化をもたらし，自分の生活を楽しいものにしていくことが期待できる。

「大好きなメニュー」

学習の展開

1 本物そっくりのおもしろさに気付く
▶1時間

> 😊 この焼き鳥，食べたいですか。
> 🙂 食べたーい。
> 😀 それなんか変だぞ。
> 😊 そうです。これは紙粘土の焼き鳥です。

支援のPOINT 本物そっくりにつくったもののおもしろさに気付かせ，子どもたちの意欲を高め，はじめの思いを大きく確かなものにする。

評価のPOINT 参考作品を見ながら，つくりたいもののイメージを膨らませているか。

紙粘土の焼き鳥を見ている様子

2 本物そっくりなものをつくる
▶2時間

> 😊 本物の質感に注目してつくりましょう。
> 🙂 ネットに押し当てるとバサバサになるよ。
> 🙂 定規に押し当てるとツルツルでゼリーみたい。
> 😊 色は絵の具を練り込んでも，乾いてから付けてもいいよ。
> 🙂 団子の光を表したいから，色をつけてから，ニスをぬってもいいかな。

支援のPOINT 質感に注目させ，いろいろな材料を何度も試させながら，つくりたいものに合うものを選ばせるようにする。

評価のPOINT 実物をよく見て形や色合いをとらえ，本物そっくりになるように，様々な道具を使ったり，紙粘土を材料に押し当てたりして，表面の質感を工夫して表しているか。

紙粘土を材料に押し当てている様子

3 試食会をする
▶1時間

> 😊 本物のお皿に載せて，試食会をしましょう。
> 🙂 においまでしてきそう。
> 🙂 おいしそうなので，本当におなかがすいてきちゃったよ。

支援のPOINT 作品を皿やトレーなどの器に入れて飾り，表し方のよさやおもしろさを感じ取ることができるようにする。

評価のPOINT 友達の表現のよさやおもしろさを感じ取っているか。

作品を食べる真似をする児童

〈沢代 宜往〉

| 6年 | 6時間 | 立体 |

24 私の夢 ドリームボックス

デジタルカメラで撮影した自分と身近な材料との組み合わせを考え、自分の将来の夢や思い描いた世界を箱の中に表現する。

準備するもの
- 材料　厚紙，画用紙，色画用紙，身辺材料
- 用具　デジタルカメラ，はさみ，接着剤

「巨大なケーキで誕生日会」

目標

☑ お気に入りのものを集めたり，将来の夢や思い描いた世界を表現したりすることを楽しんでいる。　　　　　　　　　　　　　　　　　　　　　　（関心・意欲・態度）

☑ 自分の夢を想像して，箱の中に表現したい形や色の構想を練ることができる。（発想・構想）

☑ 材料の特徴をとらえ，組み合わせを工夫して，着色したり接着したりすることができる。　　　　　　　　　　　　　　　　　　　　　　　　　　　（創造的な技能）

☑ 自分や友達の夢を想像し，互いの表現のよさやおもしろさを感じ取っている。　（鑑賞）

題材について

自分の将来の夢や思い描いた世界を，箱の中に自分なりの表現で製作する。自分のイメージに合うように，箱の形や作品に登場させる自分自身のポーズや表情を工夫する。デジタルカメラで撮影した自分と身近な材料との組み合わせを考え，自分の思いを作品に込められるようにする。インターネット画像や広告の切り抜きなど，あふれるほどの多くの情報の中から，自分の好きなものを探し，選ぶ活動を大切にして，自分らしさを追求できるようにする。

鑑賞では，自分の夢や願いが込められた作品を介して友達とかかわり，互いに表現を認め合えるようにする。

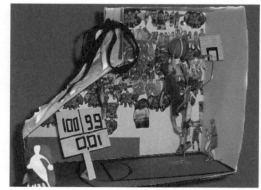
「逆転シュート」

学習の展開

 箱の形を決め，つくりたいものの構想を練る　　▶1時間

- 😀 箱の形や中の世界を考えよう。
- 🙂 箱全体を建物の形にしよう。好きな食べ物に囲まれている感じにしたいな。

支援のPOINT　使いたい身辺材料を準備させ，中の世界を意識した箱の形になるようにする。

評価のPOINT　自分の夢や思いをもとに，つくりたいものの構想を考えているか。

箱をつくろう

②　材料の組み合わせを工夫して，箱の中を表現する　　▶4時間

- 😀 箱の中に登場させる自分を撮影しよう。
- 🙂 大きな動きの方がいいね。表情や視線も考えて写真撮影しよう。
- 😀 写真やその他の材料の組み合わせを工夫して，箱の中を立体的につくろう。
- 🙂 自然物を入れても楽しいね。糸でつるせば，箱の上の部分の空間も使えるよ。

支援のPOINT　奥行きを意識させたり，立体物を箱の中に配置させたりして，よりよい表現を追求させる。

評価のPOINT　自分の写真の配置や全体の構成，材料の組み合わせを工夫しているか。

もう少し腕を上げて

ここに自分をはろう

 ドリームボックスを鑑賞し合う　　▶1時間

- 😀 みんなの箱の中に，どんな夢や世界が表現されているかな。
- 🙂 材料の使い方が上手だね。サッカー選手になりたいという夢が伝わってきたよ。

支援のPOINT　自分の作品に込めた思いを紹介させ，作品の近くでじっくり鑑賞できるようにする。

評価のPOINT　夢や思い描いた世界を想像し，互いの表現のよさやおもしろさを味わっているか。

みんなの夢は何かな

〈伊藤　充〉

| 1年 | 6時間 | 工作 |

25 ぺったんの森

身近なものを、こすり出したり、型押ししたりしたものを、段ボールでつくった木に貼り付ける。さらに、毛糸やプラスチックカップなどの材料を貼り付けて飾る。

準備するもの
○**材料** 段ボール、ガムテープ、画用紙、書道半紙、身辺材料
○**用具** のり、木工用接着剤、合成ゴム系接着剤、はさみ、パス、色ペン、共用絵の具

「かくかくの木」

目標
☑ 木に画用紙を貼り付けたり、飾ったりする活動を楽しんでいる。　　　　（関心・意欲・態度）
☑ 紙を貼り付けた様子から、木に名前を付け、その名前に合った材料を選び、木の飾りを考えることができる。　　　　（発想・構想）
☑ 材料の特徴をとらえて接着剤を選び、はがれないようにしっかりと貼り付けることができる。　　　　（創造的な技能）
☑ 木のよさやおもしろさを感じ取っている。　　　　（鑑賞）

題材について

学校の中で、手で触ったり目で見たりしながらおもしろい模様を探し、その手触りを紙に写し取ったり、型押ししたりする。そして、できたものを「ぺったん」とし、それをボール紙の四角錐の木に貼りつけ、「ぺったんの森」をつくる。さらに、できあがった木からイメージして、名前を付ける。木の名前に合う材料を身近なところから見付け出し、友達と相談しながら工夫して飾る。

作品完成後の鑑賞では、つくった木の「におい」や「音」などを想像する、体の感覚を働かせた鑑賞方法を取り入れる。

どんなにおいがするのかな

学習の展開

1 「ぺったんタイム」で模様探しをする
▶1時間

みんなは，ぺったん探検隊！　学校の中のおもしろい模様を探しに行こう！
この壁，ぼこぼこでおもしろい！

支援のPOINT 教室の中でいろいろなものを触ってみせ，子どもの興味関心を引き出す。

評価のPOINT 学校内の様々な模様に気付き，こすり出す活動を楽しんでいるか。

あみあみ模様，発見！
（吹き出し：この壁，あみあみ模様だね）

2 ぺったんを仲間分けして，木をつくる
▶2時間

「ぺったん」を仲間分けしながら，木に貼り付けよう！　そして，木に名前を付けよう！
あみあみ模様がたくさんあるから，「あみあみの木」にしよう！

支援のPOINT どんな模様の紙が貼ってあるか，よく着目させる。

評価のPOINT 紙にこすり出した模様の特徴をとらえた名前を付けることができているか。

どんどん貼っていくよ

3 さらに，木をつくり上げる
▶2時間

他にも付けたい材料があれば持ってこよう！　それぞれの木がもっとすてきな木になるといいね！
「あみあみの木」だから，毛糸をぐるぐる巻いてみようかな！

支援のPOINT 「『○○の木』らしくなってきたね」と，木の名前を意識させるような声を掛け，木の特徴をとらえられるようにする。

評価のPOINT 材料に合った接着剤を選び，はがれないようにしっかりと付けることができているか。
木の名前にふさわしい材料を工夫して貼り付けているか。

毛糸をぐるぐる巻いてみよう

4 「森のかんしょうかい」をする
▶1時間

木からどんなにおいがするかな？　どんな音が聞こえてきそうかな？
「ふわふわの木」からは，わたあめみたいなあまいにおいがしそう！

支援のPOINT 「実際にかいでみよう！　耳を傾けて聞いてみよう！！」と体を動かして鑑賞させるようにすることで，子どもたちの意欲を高める。

評価のPOINT 木の特徴をとらえた鑑賞ができているか。

鑑賞シート

〈八神まゆ〉

| 1年 | 6時間 | 工作 |

26 スイーツいかが？

いろいろな材料を見付けたり，交換したり，試したりしながら，おいしそうなスイーツを楽しく作って交流する。

ケーキをつくったよ

準備するもの

○**材料** おがくず，でんぷんのり，土台の木材，カップ，紙皿，ペットボトルなど，固形石鹸，酢酸ビニル樹脂エマルジョン系接着剤，木工用接着剤，ドングリなどの自然材

○**用具** おろしがね，ボール，泡立て器，ビニール袋，絵の具など

目標

- ☑ 材料に積極的にかかわり，楽しく活動している。　　　　　　　　　　　（関心・意欲・態度）
- ☑ どんな形のスイーツにしたいか，イメージに合った形を考えている。　　（発想・構想）
- ☑ スイーツのかざりにするものの大きさのバランスや色や形を工夫している。（創造的な技能）
- ☑ 自分や友達のスイーツのよさを見付け，伝え合うことができる。　　　　（鑑賞）

題材について

子どもの感想

油粘土や紙粘土などに触れている子どもが，お菓子をつくりだすことはよく見られる。絵の具を使った筆を洗うとジュースができたと大喜び。子どもたちは甘い飲み物や食べ物が大好きである。

この題材は，ありきたりの材料から発展させ，おがくずにでんぷんのりを絞り出してわらび餅屋をしたり，わらび餅を固めて松ぼっくりの破片を入れてチョコチップクッキーにしたり，泡立てた石鹸を生クリームに見立ててケーキをつくったりする。クリームをつくる，材料を交換するなどの活動は，一人ではできず，周囲の友達と自然にかかわることになり，つくりだす喜びを楽しく高めていくことができる。

学習の展開

1 おがくずに，のりを入れてわらび餅屋さんになる　▶1時間

> 👀材木工場からおがくずが届いたよ。のりを入れたら何になると思う？
> 🧒おがくずがきな粉で，のりがわらび餅みたい！
> 🧒さわってみたい。
> 🧒おいしそうだね。

支援のPOINT わらび餅屋さんになりきって，のりの柔らかさと次第に固くなる様子を楽しませるが，アレルギーのある子どもには配慮する。

評価のPOINT 感触を楽しみ，なりきっておいしそうな食べ物をつくろうとしているか。

♪わらびーもち つめたーくておいしーいよ♪♪

2 わらび餅をクッキーに「進化」させる　▶1時間

> 👀クッキーの生地みたいになったら，木の実を混ぜたり，絵の具を練りこんだりして新しい味のクッキーを開発しよう。
> 🧒早くつくらないと固まるね。

支援のPOINT ふっくらとさせるために，使用可能なら電子レンジで乾燥させるとよい。

評価のPOINT おがくずと木の実などの組み合わせを考え工夫しているか。

レンジで焼くと本物のクッキーみたい！

3 石けんを泡立てて土台の木材にぬり，ケーキをつくってかざる　▶2時間

> 👀石けんをおろしがねで粉にして，ボールに入れて，水とボンドを加えて泡立てよう。何に見える？
> 🧒生クリームみたい！
> 🧒しぼりだしてケーキにしたい。
> 🧒ドングリや，つくったクッキーがかざりになるね！

支援のPOINT グループで1つの大きなケーキをつくるのでも，個人で小さなカップケーキをつくるのでもよい。

評価のPOINT 大きさのバランスや色や形を工夫しているか。

クリームしぼりま〜す

4 ペットボトルの中にジュースもつくってパーティーをする　▶2時間

> 👀クッキーやケーキやジュースを並べて，みんなのスイーツを楽しくみよう。
> 🧒おいしそうだね。
> 🧒いろいろつくって，またやりたいな。

支援のPOINT 楽しい雰囲気で，気に入ったスイーツを選ばせ，よさを伝え合うようにさせる。

評価のPOINT よさを伝え合うことができたか。

〈土屋 真紀子〉

| 1年 | 4時間 | 工作 |

27 ともだちロボット

身近な材料やクラスの友達との触れ合いから想像を膨らませて遊ぶと楽しいロボットをつくる。

準備するもの
○**材料** 空き箱，空き容器，毛糸などの身辺材料，ビニールテープ，セロハンテープ，色画用紙，色紙
○**用具** はさみ，接着剤，色ペン

「ロボーくん」

目標

☑ ロボットをつくることを楽しむことができる。　　　　　　　　　　（関心・意欲・態度）
☑ 材料との触れ合いから，ロボットのイメージを考えることができる。　（発想・構想）
☑ つくりたいロボットのイメージに合わせて材料を集めたり，接着の方法を工夫したりしている。　　　　　　　　　　　　　　　　　　　　　　　　　　　（創造的な技能）
☑ ロボットのよさやおもしろさを感じ取ることができる。　　　　　　（鑑賞）

題材について

友達になりたいロボットを身近な材料を組み合せてつくる。集めてきた材料から想像を広げて，様々な特徴をもった友達ロボットをつくる。

材料を集める量には個人差があるが，グループの友達が持ってきた材料を見合ったり，日頃から材料コーナーなどをつくり，どんなものが工作で使える材料なのかを知らせておいたりすることで，興味をもてるようにする。

「背中に乗って遊べるキリンちゃん」

学習の展開

1 材料と触れ合う

▶1時間

- 😊 もってきた材料を色々な所から見たり，すてきな形に並べたりしてみよう。
- 😊 ここを動かすと口みたいに見える。
- 😊 ここはザラザラしているよ。

支援のPOINT 日頃から材料ボックスに材料を集めておく。
おもしろい見方をしているものを取り上げ，みんなに紹介する。

評価のPOINT 材料を積極的に触ったり，見たりして，材料の特徴を発見しているか。

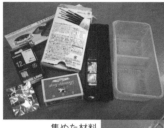

集めた材料

2 材料を組み立ててロボットをつくる

▶2時間

- 😊 ある星からやってきた不思議な友達ロボットをつくろう。
- 😊 一緒に空が飛べるロボットがいいな。鳥みたいに羽を付けてみたいな。

支援のPOINT 材料の使い方のおもしろいものや接着を工夫しているものを取り上げ，紹介する。
途中で友達の作品を見合いアドバイスし合う時間をとる。

評価のPOINT 材料の使い方や接着の仕方を工夫しているか。

こうやって，羽を付ければいいんじゃないかな？

3 友達とロボットのお話をつくりながら鑑賞し合う

▶1時間

- 😊 自分の友達ロボットのすごいところをお話しよう。
- 😊 背が高くて，みんなを背中に乗せることができます。
- 😊 じゃぁ！ みんなで乗ってお散歩しよう。

支援のPOINT 少人数のグループでロボットの紹介を行い，みんなでお話をつくるように促す。

評価のPOINT 友達とお話づくりをしながら，友達ロボットのおもしろさを味わっているか。

実際に動かしながらお話をつくる

〈土屋 薫〉

| 2年 | 各4時間 | 工作 |

28 よろこんで もらえるかな？

相手を喜ばせたい思いやそこから生まれた発想を大切にしながら，材料を工夫してつくる。

ボーリングのピン。投げてみて！

準備するもの
○**材料**　色画用紙の端切れ，プラスチックや紙の容器，ペットボトル，など
○**用具**　はさみ，ゴム系接着剤（上部を切ったペットボトルに立ててグループで使う），両面テープ（必要に応じて）

目標
☑ 相手が喜ぶような，色や形を考えて，使う材料を工夫する。　　　　　　　　　　（発想・構想）
☑ つくりたいものに合わせて，材料の色や形を考えてつくる。　　　　　　　　　（創造的な技能）

題材について
　相手を喜ばせたい思いを大切にして製作する題材である。いつも世話になっている家族・仲よくしている友達・大切に思っている下級生。相手を思いやる気持ちを製作への原動力にしながら，喜んでもらえる形や色を工夫して製作させる。
　児童一人一人の思いや発想を製作に生かすことができるように材料を豊富に準備しておき，製作途中で，新たに浮かんだ発想や見付けた材料などをどんどん認め，表現を発展させるようにする。

パターン1 「『ありがとう』をつくろう！」
　感謝の気持ちを言葉とともに色や形を工夫して「手紙」をつくる。相手に喜んでもらうために，「相手の好きなものやこと」や「自分が好きなものやこと」を形に表すことで，相手への思いやりや自分らしさが作品の表現に表れるようにする。

ロケットの手紙

パターン2 「わくわく！なつのゲームやさん」
　1年生の児童や園児など交流している年下の児童を招いて，ゲームの出店を開く。喜んでもらうためには，「ゲームが楽しくできること」とともに，「ワクワクするような形や色の工夫」が大切であることを伝え，「遊びやすさ」と「色や形のおもしろさ」を製作のポイントとして掲げていく。遊びを試したり，表現のよさを途中で鑑賞し合ったりして製作させる。

カラフルだから
この「魚つり」は楽しい

学習の展開　パターン1　「『ありがとう』をつくろう！」

 感謝の気持ちを伝えたい相手にどんなもの贈りたいかを考える ▶1時間

- 😊 「ありがとう」の気持ちがよく伝わって，喜んでもらえるように工夫しよう。
- 👶 お母さんは僕が忍者を好きだって知っているから，巻物みたいな手紙にしたいな。

支援のPOINT 感謝の気持ちを伝えたい相手の好きなものや，自分の好きなものなどをアイデアのもとにしていくようにする。
収納等用途なども考えた作品にしてもよいと伝えておく。

評価のPOINT 感謝や喜んでもらいたい気持ちから発想しているか。

忍者の巻物みたいな手紙！

 考えたものに合わせて，形や色，材料を工夫してつくる ▶3時間

- 😊 どんな材料を使って，どんな形や色でつくるといいのか考えながら，すてきな贈り物をつくろう。
- 👧 車が好きなお父さんのためにスポーツカーの手紙にしたよ。

支援のPOINT 材料の色や形を生かすために，十分に材料に触れさせる。
学校でも材料を用意し，自由に持って行ったり，材料を交換したりできる材料コーナーを設置しておく。

評価のPOINT 感謝の気持ちを形や色，材料を工夫して表現しているか。

車の大好きなお父さんへ！

学習の展開　パターン2　「わくわく！なつのゲームやさん」

 仲よくしたい相手に喜んでもらうためのゲームを考える ▶1時間

- 😊 仲よくしている1年生が喜んでもらえるように，水を使った夏らしい楽しいゲームを考えよう。
- 👶 水の上にトレーをつなげて，すごろくがつくりたいな。

支援のPOINT 1年生がワクワクしながらゲームを楽しんでくれるように，水に浮かべる，水に色を付けるなど，水を生かしたおもちゃを考えよう。

評価のPOINT 材料と水を組み合わせたおもしろいおもちゃを考えているか。

浮くか試してみます

 形や色を工夫して楽しい水のおもちゃをつくる ▶3時間

- 😊 楽しく遊べるように，試しながらつくっていこうね。水が付くと，接着できなくなるから気を付けよう。
- 👶 1年生がたくさん来るから，いろんな色の釣り竿をつくろう！

支援のPOINT 個々で試す活動，遊び合う活動を十分に取り入れる。
学級活動で，遊び方のルールや役割分担を決めたり，喜んでもらう相手を招いて楽しく遊んでもらったりする時間を設定する。

評価のPOINT 材料を工夫しながら，水を生かしたおもしろいおもちゃを仕上げたか。

いろんな色でつくります

カラフルな楽しい釣り竿

〈安田 拓之〉

| 3年 | 7時間 | 工作 |

29 新生ロールカー〜メイドイン○○〜

ロール芯を主材料として使い，車輪の仕組みを工夫して楽しい車をつくる。

準備するもの
○**材料**　ロール芯，空き容器，竹ひご，ボトルキャップ，飾りになる材料
○**用具**　接着剤，はさみ

「ゴットカー」

目 標

☑ 集めた身近な材料を使って，自分の考えた車をつくることを楽しんでいる。
（関心・意欲・態度）

☑ 材料の特徴やよさを生かし，材料からのイメージをもとにつくりたいものを考えている。
（発想・構想）

☑ 材料の組み合わせや加工を試し，車輪や車体などを工夫してつくっている。**（創造的な技能）**
☑ 作品で遊んだり，紹介をしたりして互いの表現のよさを感じ取っている。　　**（観賞）**

題材について

本題材は，ロール芯を主材料として使い，車輪の仕組みを生かし，楽しい車をつくる。材料の組み合わせを試しながら自分のつくりたい車をイメージして，今までにない車をつくる。つくった作品で遊びながら，つくりかえ続けることができる。加工や試しを行う取り組みである。友達とかかわりながら，様々な表現方法を生み出し，達成感をもって製作できる。

「ジェットカー」

学習の展開

 材料のよさを見付ける ▶1時間（事前）

- ロール芯の特徴やおもしろいところを見付けよう。
- たくさん並べてつなげたよ。ロケットみたい。
- 上下につなげたよ。斜めにも接着して、つなげることができるね。

支援のPOINT 収集期間をとり、保護者に協力してもらい、多くのロール芯を集める。
友達とかかわりながら、発想を膨らませることができるように、グループで活動させる。

評価のPOINT 主材料の特徴や加工ができるおもしろさに気付き、材料からつくりたいもののイメージをもつことができているか。

ロール芯の変身だ！

 車の仕組みを知り、車をつくる ▶5時間

(1) 車輪づくり：2時間
(2) 車体づくり：2時間
(3) 部品づくり：1時間

- ロール芯を使って、自分でしか考えられないようなおもしろい車をつくろう。
- これすごく早く走るよ。
- 切って巻くとおもしろい。

支援のPOINT 材料のおもしろさに気付き、加工を試すことができるように、試す場や友達とかかわる機会をつくる。

評価のPOINT イメージをもとに表現方法を試すなど、工夫してつくっているか。

早く走りそうだな

この仕掛けおもしろいな

 観賞する ▶2時間

(1) 作品で遊ぶ
(2) 車を紹介する【広告づくり】

- 自分にしかつくれない車の魅力を広告にして表してみよう。
- ここに仕掛けがあるよ。早く走れて、風でここが動くよ。すごいでしょ。

支援のPOINT 遊びながら友達と互いにイメージを伝え合うようにする。車を動かしながら、自分の作品のよさを広告に書かせる。

評価のPOINT 自分や友達の作品で遊んだり、自分の気に入っているところを紹介したりして、互いの表現のよさを感じ取っているか。

世界に一つの車です！

〈児玉　美恵子〉

| 4年 | 1時間 | 工作 |

30 エイ！エイ！ゴー！！

エイのしっぽの付け根をねらって「フッ」と息を吹きかけると，カーテンが風になびいてヒラヒラするように，エイが生き生きと動きだす。

個性豊かな作品

準備するもの

○**材料**　油こし紙（直径20cm程度，すじが入っていないもの）1枚，ビニールひも（油こし紙の直径の2倍の長さ）1本

○**用具**　鉛筆，はさみ，新聞紙，カラーペン，ステープラー

目　標

☑ エイの動きに興味をもち，エイをつくる活動を楽しもうとしている。　**（関心・意欲・態度）**

☑ いたらいいなと思うエイを思い付き，エイの表情や模様，色を考えている。　**（発想・構想）**

☑ エイの動きがおもしろくなるよう，油こし紙の折り加減や息の吹きかけ方などをいろいろと試している。

（創造的な技能）

☑ 作品を交換して遊び，作品のよさやおもしろさを見付けている。　**（鑑賞）**

題材について

　油こし紙は，子どもにとって馴染みのない素材である。折り紙より柔らかいが，布よりは硬く，力を入れれば折り曲げることができる。そのため，カーテンのひだのように折り曲げてから息を吹きかけると，おもしろい動きを見せてくれる。これが，エイが水中を泳いでいる動きに見えるのだ。子どもの反応は，非常によい。また，油こし紙の折り加減や息の吹きかけ方などでエイの動きが変わるため，工夫のしがいがある。

　本題材は，思い思いにエイの表情や模様，色を考えていくことで，表現する喜びが味わえる。完成後，友達と一緒に遊び方を工夫させると，活動に広がりが生まれ，大いに盛り上がる。

個性豊かな完成作品

学習の展開

 油こし紙をエイの形に切る ▶5分

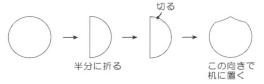

鉛筆で下書きをしてから，ハサミで切る

支援のPOINT 折り目がつかない程度に折り曲げるよう声掛けをする。

 エイの表情と模様をかく ▶20分

 →
目と口をかいたら　思い思いに模様をかく

ペンを使う時は，必ず新聞紙を敷かせてください。

思い思いに表情や模様をかく

😊 どんなエイがいたら楽しいと思う？
😊 私はエイのお姫さまをつくりたいから，ペンを使ってかわいいネックレスをかこうかな！

支援のPOINT 友達と交流しながら活動させると，発想が広がりやすい。

評価のPOINT つくりたいイメージに合わせて，表情や模様，色を工夫しているか。

 エイに十分な折り目をつけ，最後にしっぽをつけて完成させる ▶5分

半分に折る　約1cmの幅で折る　これを繰り返して　約1cm幅の帯をつくる　広げてからしっぽをステープラーでとめる

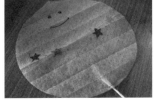
折り目はきつめにつける

支援のPOINT 折り目はきつめにつけるよう声掛けをする。

評価のPOINT 折り加減や息の吹きかけ方を調整して，動き方を追求しているか。

 自分や友達の作品で遊ぶ ▶15分

😊 遊びながら，友達の作品のよさを見付けよう。
😊 魚がかいてあるから，にぎやかで楽しそう！

評価のPOINT 遊び方を工夫しながら，作品のよさやおもしろさを見付けているか。

しっぽをつかんで遊ぶとどんな動きをするかな

〈磯部 裕一〉

4年　6時間　工作

31 宇宙の生き物　～第2の地球発見～

身近にある布を集め，その特徴やよさを生かして自分の想像した宇宙の生き物をつくる。

準備するもの

○**材料**　布，空き容器，新聞紙，ひも，飾り，宇宙のBGM（CD等），宇宙新聞

○**用具**　接着剤，ビニールテープ，ペン，はさみ

「おじさん」

目標

☑ いろいろな布の色や柄，感触などの違いを感じながら，宇宙の生き物をつくることを楽しんでいる。
　　　　　　　　　　　　　　　　　　　　　　　　　　　　　　　　　　（関心・意欲・態度）

☑ 布の特徴やよさなどのおもしろさに気付き，つくりたいものを考えている。（発想・構想）

☑ 布の特徴やよさなどのおもしろさを生かし，表し方を工夫している。　　（創造的な技能）

☑ 作品を持ち寄ったショート劇を通し，互いの作品の思いやイメージを感じ取っている。
　　　　　　　　　　　　　　　　　　　　　　　　　　　　　　　　　　　　　　（鑑賞）

題材について

色・柄・質感などの布の特徴やよさから感じたことを生かし，自分のイメージをもとに宇宙の生き物をつくる。布のもつ可逆性を十分に生かし，自分のつくりたいイメージに近づけながら，試行錯誤しながら，様々な表現方法を生み出していく。

この題材では，宇宙を思わせる環境（BGM等）の中で，友達とかかわりながら材料からイメージをもったり，発想するおもしろさや，ひらめく楽しさを味わったりすることができるようにする。

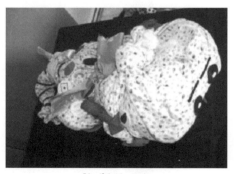

「わざありっこ」

学習の展開

1 集めた布で遊ぶ ▶1時間

- 見て触れて，布から感じるイメージで変身しよう。
- 和風の模様だから，着物にして花さかじいさんになろう。
- 大きい布だからひらひらのマントにして，空を飛びたいな。

支援のPOINT 事前に保護者へ，多様な布の収集をお願いする。友達とのかかわりながら，思い付いたことを次々に試してみるように声を掛ける。

評価のPOINT 布の特徴やよさに気付き，自分のイメージをもつことができているか。

いざへんしん！

2 布の特徴からの形づくりをする ～試行錯誤の活動～ ▶4時間

- 布のイメージから，宇宙の生き物をつくろう。
- 宇宙にパン屋さんがあってもおもしろいな。この模様の布をたくさん使いたいな。
- ねじってみよう。包んでみたよ。これでどうかな。ふしぎな生き物に見えてきたよ。

支援のPOINT 友達とのかかわりながらつくることで，試行錯誤しながら，多様な表現方法を生み出すことができるように，床にブルーシートを敷き，そこで製作させる。

評価のPOINT イメージに向けて，布を組み合わせたり，形を変えたりして表し方を工夫しているか。

布の組み合わせを考える

様々な表現方法を試す

3 互いの作品を鑑賞する ～即興ショート劇～ ▶1時間

- 作品を持ち寄り，5分間ショート劇をしよう。
- 体の大きい姫が座っていると，この城の爺やが，声を掛けました。それから……

支援のPOINT 発表の場をつくり，互いに作品のよさを感じ合えるようにする。

評価のPOINT 相互鑑賞を通して，互いの発想やイメージのおもしろさを味わっているか。

ショート劇
「お城の池にたたずむプリンセス」

〈児玉 美恵子〉

5年　⏰ 8時間　工作

32 ビー玉の大冒険

グループで協力をして，ビー玉を転がす仕掛けをつくる。身近な材料を使って，何度も転がり方を試しながらつくる。

準備するもの
○材料　ビー玉，身近な材料
○用具　マスキングテープ，はさみ，のり，その他必要に応じて

ビー玉を転がしながら考える

目標
☑ ビー玉を転がす仕組みをつくることを，楽しんでいる。
　　　　　　　　　　　　　　　　　（関心・意欲・態度）
☑ ビー玉がおもしろく転がる仕掛けを考えている。
　　　　　　　　　　　　　　　　　（発想・構想）
☑ ビー玉の転がり方を工夫しながら仕掛けづくりをしている。　　　　　　　　　　　　　（創造的な技能）
☑ 友達のグループの仕掛けで遊び，転がり方のおもしろさを味わっている。　　　　　　　　（鑑賞）

題材について

本題材はグループで話し合い，図工室のテーブルをベースにし，身の回りの材料を使って，ビー玉が転がる仕組みをつくる。身の回りの材料の特徴を生かし，何度も転がすことを試すことで，創意工夫をしながらよりよい方法を見付けることができるようにしたい。

動きを何度も試しながら考える活動は，児童の興味を引くことができ，児童が積極的に活動することが予想される。また，本題材では，実際に何度もビー玉を転がしながらその動きを観察し，よりよい方法を何度も試しながら見付けていくことができる。何度も試すことで児童の創意工夫を引き出すことができる。

できた作品と記念撮影

学習の展開

1 つくりたい仕掛けを考える　　▶1時間

- 👀 ビー玉を転がす仕掛けを考えよう。
- 迷路みたいにしたいな。
- くるくる回る仕掛けにしたいな。

支援のPOINT　付箋を使って考えることで，いくつも考えを出すことができるようにする。

評価のPOINT　いろいろな仕掛けを考えることができているか。付箋の内容からとらえる。

考えた仕掛け

2 仕掛けをつくる　　▶6時間

- 👀 つくりたい仕掛けをつくろう。
- うまく転がらないなぁ……
- もっと，坂の角度を大きくしてみよう。

支援のPOINT　マスキングテープを活用して，何度も組み立てては試す活動を繰り返すことができるようにする。
途中で友達のグループと作品を見せ合う活動を取り入れることで，よりよくしようという気持ちを高めたり，よりよい方法を考えたりすることができるようにする。

評価のPOINT　よりよい方法を考えることができたか。何度も試している様子からとらえる。

何度も試す

何度もつくり直す

3 友達のグループの仕掛けで遊ぶ　　▶1時間

- 👀 楽しみながら，友達が工夫したところを見付けよう。
- よく考えているね。

支援のPOINT　ただ，遊ぶだけではなく，どんな工夫があるのかを見付けることができるように，ワークシートに観点を書く。

評価のPOINT　友達の工夫した点を見付けることができたか，ワークシートの内容からとらえる。

楽しみながら鑑賞する

〈永峯　亮〉

33 動く？回る？楽しいワンダーランド

5年　6時間　工作

アルミ針金を変形させたり，つないだりして，動きのある楽しい遊園地のアトラクションをつくる。

準備するもの
○材料　アルミ針金（太さ1mm，1.5mm，2mm），身辺材料
○用具　ラジオペンチ，ペンチ，油性マジックペン

「ふわふわライド」

目標

☑ アルミ針金を使って遊園地のアトラクションをつくることを楽しんでいる。
　　　　　　　　　　　　　　　　　　　　　　　　　　（関心・意欲・態度）

☑ アルミ針金を色々な形に変形させたり，つないだりしてつかんだイメージから，自分のつくりたいアトラクションの形や動きを考えている。　　　　　　（発想・構想）

☑ つくりたいアトラクションのイメージに合うように，形を工夫したり，動きを試したりしてつくっている。　　　　　　　　　　　　　　　　　　（創造的な技能）

☑ 友達のつくったアトラクションの形や動きのおもしろさを感じ取っている。（鑑賞）

題材について

　アルミ針金という材料のよさを味わい，ペンチで曲げたり，つないだりしてできた形をもとに，オリジナルの形や動きを見付けていく。見付けた形や動きの中からアトラクションに取り入れたいものを選び，土台になる部分や装飾の部分によって針金の太さを変えたり，おもしろい動きになるように何度も試したりすることで，よりよい表現を追求する。

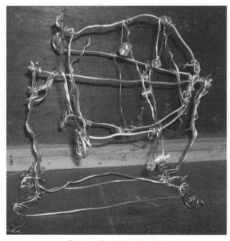
「ジェットクルスター」

学習の展開

1 アルミ針金を変形させたり，つないだりして見付けた形や動きから構想を練る ▶1時間

- 針金を使って，どんな動きができたかな。
- ゆらゆら揺れる，すべり落ちる，ぐるぐる回る等……

支援のPOINT ペンチの扱いに十分に慣れることができるように，様々な表現を試させる。

評価のPOINT 試した活動の中から，自分のつくりたいアトラクションの形や動きを考えているか。

> このうずまきを針金がすべり落ちたらおもしろそうだな

2 動きを試しながら製作する ▶4時間

- 自分が気に入った形や動きになるように何度も試しながらつくっていこう。
- スムーズに回転するように，巻き方を調整したらうまくいったよ。

支援のPOINT アルミ針金の太さによる硬さの違いを生かして製作させる。

評価のPOINT 自分のつくりたいアトラクションの形や動きになるように，工夫して表すことができたか。

> すべるスピードが少し遅いから，角度を変えてみよう

3 アトラクションの形や動きのおもしろさを味わう ▶1時間

- 友達のアトラクションの形や動きのおもしろさを，実際に触って味わおう。
- このアトラクションは，ぐるぐる回る動きがおもしろい！空を飛んでる気分になりそうだね。
- 高さがあって目立つから，お客さんもたくさん来そうだね！

支援のPOINT 実際に触りながら，お客さんになった気分でおもしろさを見付けるようにさせる。

評価のPOINT アトラクションの形や動きに着目しておもしろさを味わっているか。

> この動き方は，とても工夫していておもしろいね！

〈柿崎 丈史〉

5年　6時間　工作

34 家族みんなの夢ルーム

家族が過ごしたくなる部屋を，板材と身近な材料を組み合わせてつくる。「〇〇ルーム」という自分の主題をもって，自分の思いを形や色で表現する。

弟が遊べる「車ルーム」

準備するもの
- **材料**　厚さ5mm，A4サイズ程度の板材3枚，長さ4mm程度のくぎ，紙粘土，身辺材料
- **用具**　金づち，電動糸のこぎり，はさみ，接着剤，アクリル絵の具

目標
- ☑ 家族が過ごす「夢ルーム」をつくることを楽しんでいる。　　　　　　　　　　**（関心・意欲・態度）**
- ☑ 家族の気持ちを想像することによってつかんだイメージから，自分なりの「夢ルーム」の形や色を考えている。　　　　　　　　　　**（発想・構想）**
- ☑ 材料の特徴をとらえながら，「夢ルーム」のイメージに合うように工夫して着色したり，接着したりしている。　　　　　　　　　　**（創造的な技能）**
- ☑ 自分や友達の「夢ルーム」のよさやおもしろさを感じ取っている。　　　　　　**（鑑賞）**

題材について

自分を含めた家族が過ごしたくなる理想の部屋を板材と身近な材料を組み合わせてつくる。「夢ルーム」に合う部屋の形を電動糸のこぎりを使って思いのままに切ったり，「夢ルーム」にある家具や設備などを様々な材料を組み合わせてつくったりすることで，よりよい表現を追求する。この題材では，家族の気持ちをじっくり想像し，つくりたいもののイメージをもたせる工夫をする。また，思いを込めた作品のよさやおもしろさを十分に味わわせるために，作品を鑑賞する友達が自由に想像を膨らませることができる鑑賞の方法を取り入れる。

お母さんがゆっくりする「黒猫ルーム」

学習の展開

1 家族についてリサーチしたことをもとに，つくりたいものの構想を練る ▶1時間

リサーチしたことをもとにして，家族が喜ぶ部屋を考えましょう。
仕事で疲れたお父さんが休めるように大きなソファを置こう。

支援のPOINT あらかじめ家族の行動をじっくり観察して，言葉で記録しておくようにする。

評価のPOINT リサーチしたことをもとに，つくりたいものの形や色を考えているか。

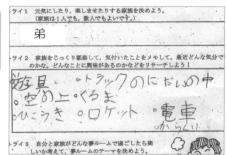
ワークシートの例

2 板材を組み立てて着色し，「夢ルーム」をつくる ▶4時間

アイデアスケッチを参考にして，「夢ルーム」を組み立てたり，着色したりしましょう。
フワフワの布をベッドにしよう。妹とこの2段ベッドでいろいろな話をしたいな。

支援のPOINT 「夢ルーム」の形や色を工夫して，家族の夢に近づくことができるように，よりよい表現を追求させる。

評価のPOINT 板材の組み合わせ方や身辺材料の組み合わせ方を工夫しているか。

妹と過ごす楽しい部屋をつくる

3 「夢ルーム」を鑑賞し合う ▶1時間

この「夢ルーム」ではどんな楽しいことが起こりそうですか？。
魚と一緒に泳げるね。
「夢ルーム」の名前を当ててみてください。
やっぱり「海ルーム」でしょ！

支援のPOINT 作者が質問をして，それに鑑賞者が答える対話を繰り返すことで，鑑賞者の自由な発想をうながすようにさせる。

評価のPOINT 対話型の相互鑑賞を通して，「夢ルーム」のよさやおもしろさを味わっているか。

作品に近づき，じっくり見つめて鑑賞

〈塚本 雅子〉

5年 6時間 工作

35 友達フォトフレーム

友達の表情やポーズを工夫して写真撮影し，その写真に合うフォトフレームをつくる。

準備するもの
- ○材料　空き箱，色画用紙，身辺材料
- ○用具　デジタルカメラ，カッターナイフ，はさみ，接着剤，カラーペン

「豪速球を投げる友達へ」

目標

☑ 友達の写真に合うフォトフレームをつくることを楽しんでいる。　　　　　　　　　　　　　　（関心・意欲・態度）

☑ 友達の気持ちを想像することによってつかんだイメージから，フォトフレームの形や色を考えている。　　　　　　　　　　　　　　（発想・構想）

☑ 材料の特徴をとらえながら，フォトフレームのイメージに合うように工夫して着色したり，接着したりしている。　　　　　　　　　　　　　　（創造的な技能）

☑ 写真の友達の気持ちを想像し，工夫して表現したフォトフレームのよさやおもしろさを感じ取っている。　　　　　　　　　　　　　　（鑑賞）

題材について

　高学年の児童は，様々な視点から自分の考えを検討したり，友達の立場になってものを見たりすることができるようになる。児童が自分の思いを形や色で表現していく時，友達の気持ちを受け入れることで，材料の特徴をとらえて，表現の可能性を自分なりに追求しようとする。本題材は，友達の表情やポーズを工夫して写真撮影し，友達の写真に合うフォトフレームをつくる。フォトフレームの基礎を組み立て，写真のイメージに合うように材料を組み合わせる。完成作品をフォトギャラリーとして設定した体育館に展示し，友達とかかわりながら鑑賞し合う。

「バイオリンが得意な友達へ」

学習の展開

1 友達の好きなものごと，得意なことなどをリサーチして，互いに写真撮影し合う　▶1時間

> 😊 友達からリサーチしたことを生かして写真撮影し合いましょう。
> 🧒 サッカーのシュートをイメージして，ジャンプの瞬間を撮影しよう。

支援のPOINT つくりたいフォトフレームの形や色をイメージしながら，表情やポーズを工夫させる。

評価のPOINT リサーチしたことをもとに，写真の表情やポーズを工夫して撮影し合っているか。

シュートの瞬間

新体操の様子

2 空き箱をもとにして，身辺材料を組み合わせ，フォトフレームをつくる　▶4時間

> 😊 友達の写真に合うように，いろいろな材料を使ってフォトフレームをつくりましょう。
> 🧒 この布を貼って，友達の大好物のリンゴの模様にしよう。

支援のPOINT 友達からリサーチしたことをもとに，フォトフレームの形や色を工夫して，友達の写真に合うように，よりよい表現を追求させる。

評価のPOINT 写真に合うように身辺材料の組み合わせ方を工夫しているか。

布を使ってつくる様子

3 フォトフレームを鑑賞し合い，「ありがとう」の手紙を渡す　▶1時間

> 😊 作者は，誰をリサーチしたのか。写真を生かすためにどんな工夫をしたのかを伝えましょう。鑑賞者はフォトフレームの友達らしさが出ているところを伝えましょう。
> 🧒 僕は映画好きの友達のために，スクリーンから友達が映し出されるようなフォトフレームをつくりました。
> 🧒 暗幕が開く仕組みがとてもおもしろいと思います。

【対話型鑑賞】

> 😊 僕が本当にスキーをしているかのようにつくってくれてありがとう。ピザのお店もあって，とてもいいよ。
> 🧒 どういたしまして。気に入ってくれてよかった。

支援のPOINT 手紙をやりとりさせることで，互いを認め合い，つくったことに達成感を味わわせる。

評価のPOINT 対話型の相互鑑賞を通して，フォトフレームのよさやおもしろさを味わっているか。

「ありがとう」の手紙渡し

〈塚本　雅子〉

6年　12時間　工作

36 卒業オブジェ

卒業を前に，在校生に残したいメッセージを込めて，大型のオブジェをつくる。

準備するもの
○**材料**　発砲スチロール，角材，麻縄，セメント用金網，セメント，白のペンキ，アクリル絵の具，野外用ニス
○**用具**　セメント用こて，筆，刷毛

完成した「卒業オブジェ」と

目標

☑ 自分たちの思いを残す活動に，積極的に取り組んでいる。　　　　　　　　　　　　　　　**（関心・意欲・態度）**
☑ どんな思いを残したいのかを考えている。**（発想・構想）**
☑ 残したい思いの形や色を工夫して表すことができる。
　　　　　　　　　　　　　　（創造的な技能）
☑ 在校生に対する友達の思いを感じている。　　**（鑑賞）**

題材について

　卒業を目前に控えた児童は，小学校に対する愛着と在校生たちへの思いが高まっている。そんな児童に在校生に残したい思いを形にして残すようにさせたいと考えた。本題材は卒業を期に，在校生に残したいメッセージを考え，セメントでオブジェをつくる。

　まず，全員で残したいメッセージをデザインする。その中から相互投票し，一番支持されたデザインをみんなでつくる。発泡スチロールや段ボールを使って，だいたいの形をつくり，針金のネットを巻いて，セメントをつけていく。できた立体を学校の中庭に設置し，一人一人のスペースに分けた。自分のスペースに自分の思いを形にしてかいた。

中庭に立つ「卒業オブジェ」

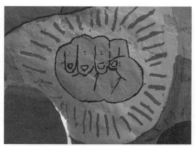

思いを込めた自分のスペース

学習の展開

オブジェのデザインを決める　▶2時間

> 👀 つくりたいオブジェのデザインを考えよう。
> 🧒 いじめのない学校にしてほしいな。
> 👧 みんなで協力してほしいな。

支援のPOINT どんな思いを残したいか，まず言葉から考えさせる。

評価のPOINT 在校生へのメッセージを考えることができたか，ワークシートからとらえる。

選ばれたデザイン

オブジェをつくり，立てる　▶8時間

> 👀 みんなで協力をして取り組もう。
> 🧒 セメントぬるなんて初めて！
> 👧 学校に作品が残せるなんてうれしいな。

支援のPOINT 学年全ての児童が製作に携わることができるように，作業分担をする。

評価のPOINT 形づくりやセメント塗布の活動を楽しんでいるか。

形の原型をつくる

だいたい形ができてきた

いよいよセメントぬり

中庭に立てる

自分のスペースに「思い」をかく　▶2時間

> 👀 どんな思いを残したいか考えて自分のスペースにかこう。
> 🧒 「勇気・ガッツ」という思いを込めたよ。
> 👧 「夢に向かって突き進め」という思いを込めてデザインしたよ。

支援のPOINT 迷っている児童には，友達のデザインを参考にしてもよいことを伝える。

評価のPOINT 自分の思いを色や形で表すことができているか。

自分のスペースにかき込む

〈永峯　亮〉

| 6年 | 6時間 | 工作 |

37 ワクワク◯◯コースター

ビー玉が転がる仕組みを使って，あったらいいなと思う夢のコースターをつくる。透明な材料の組み合わせや仕組みを工夫してつくる。

準備するもの
○**材料** 透明な材料（プラスチックトレー，ペットボトル，ストロー，プラスチックスプーンなど），ビー玉
○**用具** はさみ，ペットボトル用のはさみ，接着剤，油性マジックペン，セロハンテープ，ホットカッター

「ベースボールコースター」

目標
☑ ビー玉が転がる仕組みに興味をもち，テーマに合ったコースターをつくることを楽しんでいる。　　　　　　　　　　　　　　　　　　　　　　　　　　　**（関心・意欲・態度）**
☑ 材料の組み合わせやビー玉の転がり方を試しながら，コースターの形や色，仕組みを考えている。　　　　　　　　　　　　　　　　　　　　　　　　　　　**（発想・構想）**
☑ つくりたいコースターになるように，ビー玉の動きや仕組み，形や色を工夫して表している。　　　　　　　　　　　　　　　　　　　　　　　　　　　**（創造的な技能）**
☑ 自分や友達の表現のよさやおもしろさを感じ取っている。　　　　　　　　**（鑑賞）**

題材について
透明な材料の上や中をビー玉が転がる仕組みを試したり，組み合わせを変えたりしながら，ビー玉のおもしろい転がり方を見付けることができるようにする。

そして作品に込めたテーマを設定し，テーマに合った作品になるように，色や形，仕組みを工夫して表現することができるようにする。

「デンジャラスコースター」

学習の展開

 集めた材料の上や中をビー玉がどのように転がるのか試し，コースターのイメージをもつ ▶1時間

- ビー玉がどんな転がり方をするのか試してみよう。
- でこぼこしている材料の上は，ガタガタと音を出しながら転がったよ。ぐるぐる回る等……

支援のPOINT 転がり方を試しながら，自分のコースターに取り入れたい転がり方を探すようにさせる。

評価のPOINT 試した活動の中から，自分のつくりたいコースターのイメージをもっているか。

ペットボトルの口の所で，ビー玉が8の字みたいに動いたよ！

 材料の組み合わせや転がり方を試しながら製作する ▶4時間

- イメージに合う転がり方になるように，何度も調整してみよう。
- 他の材料で試したら，スムーズに転がるようになったよ。

支援のPOINT 組み合わせや転がり方を試す時は，セロハンテープで仮止めして行うようにさせる。

評価のPOINT テーマに合う作品になるように，コースや装飾を工夫して表現することができているか。

すべるスピードが少し遅いから，角度を変えてみよう

 コースターを鑑賞する ▶1時間

- 友達のコースターで遊びながら，作品に込められたテーマを考えてみよう。
- ペットボトルの底に花がたくさんあるから，自然をイメージしたのかな。
- 正解！ お花畑の中をビー玉が転がるような作品にしたよ。

支援のPOINT 友達の作品で遊びながら，見付けた表現のよさやおもしろさを全体で発表させる。

評価のPOINT 表現のよさやおもしろさを，材料の使い方やビー玉の転がり方から感じとっているか。

コースが枝分かれしていて，迷路みたいになっているね

〈柿崎　丈史〉

38 ふで フデ 筆

6年 / 6時間 / 工作

自分の思いにあった材料を組み合わせ，世界に1本しかないオリジナルの筆をつくり上げる。

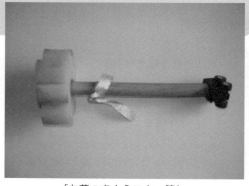

「お花つき！ミニカー筆」

準備するもの
○**材料** 竹棒，身辺材料，画用紙，模造紙
○**用具** はさみ，ボンド，のこぎりなど

目標
☑ 集めた材料をどのように工夫すれば思い通りの筆をつくることができるのかを構想し，表現しようとすることができる。　　　　　　　　　　　　　　　　　　**（関心・意欲・態度）**

☑ どのように工夫していくかについて構想を具体的な言葉にして，練ることができる。
　　　　　　　　　　　　　　　　　　　　　　　　　　　　　　　　　（発想・構想）

☑ 用具を使い，構想したことを造形的に表現することができる。　　　**（創造的な技能）**

☑ 自他の作品を鑑賞し，そのよさや美しさを自他の工夫に基づいて具体的な言葉にすることができる。
　　　　　　　　　　　　　　　　　　　　　　　　　　　　　　　　　　　（鑑賞）

題材について

「CDころころ筆」

本題材は，子どもたちが自分の思いにあった材料を組み合わせ，オリジナルの筆をつくる題材である。世界に1本しかない自分だけの筆をつくり上げていく中で，子どもたちにはのびのびと自分の個性を発揮してほしい。さらにオリジナルの筆を使って絵をかく活動を取り入れることで，完成した作品への愛着が生まれ，深まっていくと考えた。このような活動の積み重ねによって，子どもたちの中に自分なりのこだわりや個性が育まれていくことを期待したい。

学習の展開

1 いろいろなものでぬってみる　▶1時間

筆以外のもので絵の具をぬってみよう。
思いきりできて気持ちいい！
くしゃくしゃに丸めた紙はスタンプみたいに使えるよ。

支援のPOINT 事前に不用になった身辺材料を集めさせておく。

評価のPOINT 筆以外のもののぬり心地を楽しみ，意欲的に表現活動に取り組むことができているか。

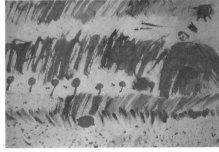
「草原」
歯ブラシがかきやすかったです。筆じゃなくても色がぬれるなんてびっくり！

2 オリジナルの筆をつくる　▶3時間

世界に1本しかない自分だけの筆をつくろう。
この筆はスタンプ専用の筆にしよう。
ぼくの筆は大きいから大きな絵がかけるよ。

支援のPOINT 持ち寄った材料に合わせて適切に道具を使えるように準備をしておく。

評価のPOINT 材料に触れながら構想してオリジナルの筆をつくっているか。

うまく転がるかな？

3 オリジナルの筆を使ってみる　▶2時間

オリジナルの筆を使って絵をかこう。
この筆にはこんな使い方があるんだよ。
せっかく丁寧に筆をつくったんだから，大切に使いたいな。

支援のPOINT オリジナルの筆の使い方をいくつも見付けさせ，その筆の特徴的なぬり跡をコラージュ作品に生かすことができるようにする。
グループで意見交換させ，よりよい作品になるようにアドバイスをさせる。

評価のPOINT オリジナルの筆を使って様々な使い方を試しながら，作品をつくっているか。

「ライオンの花火」

〈秋田 英彦〉

| 2年 | ⏰ 2時間 | 鑑賞 |

39 まねっこ美術館

美術館の所蔵作品を楽しみながら鑑賞し，作品のよさやおもしろさを感じ取ることができるようにするために，作品を体感しながら鑑賞活動を行う。

愛知県美術館，
瑛久の「黄色い花」をポーズ

準備するもの
○**用具** アートカード，デジタルカメラ，コンピュータ，プロジェクター，スクリーン

目標

☑ 作品の形や色のイメージを，自分の体で表現したり，友達が体で表現した作品の特徴を楽しみながらとらえたりしようとする。
（関心・意欲・態度）

☑ 作品を自分の体で表現する活動や友達が体で表現した作品から，形や色やイメージなど作品の特徴をとらえる。
（鑑賞）

題材について

作品鑑賞は，生徒同士の鑑賞，アートカードなどを使った鑑賞，対話型鑑賞など様々な方法で行われているが，低学年の子どもたちは，より多くの感覚を使って鑑賞することが重要であると考える。この鑑賞方法を「体感型鑑賞」として取り組む。「体感型鑑賞」とは，もし人物の作品ならば，ポージングをするなど，登場人物になりきることや，アートカードなどの具体物を操作しながら鑑賞するなど，実感を伴った鑑賞活動全般を指した著者独自の造語である。

作品を見てポーズをとっているところ

本実践では，美術館の作品を楽しみながら体で表現するとともに，美術作品を体で表現した友達の写真を鑑賞し，アートカードを使って，どの美術作品を表現したのか当てるアートゲームを体感することで，形や色やイメージなどの作品の特徴をとらえるようにする。また，発展題材として人物のポーズに着目した紙版画をつくり，オリジナルアートカードを製作する。

学習の展開

 アートカードの作品をじっくりみて，お気に入りの1枚を選ぶ ▶25分

> 👓 アートカードの中からお気に入りを見付けて紹介しよう。
> 👧 私は，きれいな景色が気に入りました。

支援のPOINT アートカードをじっくりと鑑賞する時間（5分程度）をとるようにする。

評価のPOINT 自分のお気に入りを楽しみながら紹介しているか。

お気に入りを紹介

 アートカードの作品の特徴をとらえ，体でポーズをとる ▶20分

> 👓 自分のお気に入りのカードをポーズしてみましょう。「はいポーズ！」
> 👧 馬に乗っている騎士を表したよ（右腕が騎士，その他が馬を表現）。

支援のPOINT はじめに全体で一斉にポーズしてみると，イメージしやすくなる。

評価のPOINT 美術作品の特徴をとらえ，体全体を使って表現することを楽しんでいるか。

体で作品を表現

 美術作品を体で表現した友達の写真をみて，どのカードか当てる ▶1時間

> 👓 友達のポーズがどれか当ててみましょう。分かったらカードを上げましょう。
> 👧 丸い感じだから，このカードかな。

支援のPOINT 勝ち負けにこだわらず，楽しみながら取り組むようにする。

評価のPOINT 楽しみながら形や色やイメージなど作品の特徴をとらえているか。

友達のポーズを見てカードを探すよ

〈発展題材〉
ポーズした経験を生かして，紙版画など，表現につなげることもできる。

〈山田 洋揮〉

| 4年 | 🕐 6時間 | 鑑賞 | 工作 |

40 とつげき！！特さつビデオキッズ

パクパク動いて襲ってくる〜！

つくったものをおもしろく動かしたり，視覚的な演出をしたりして，特撮ビデオ（動画）を撮影する。

準備するもの
- ○材料　紙やプラスチックの容器，その他工作材料
- ○撮影器具　ビデオカメラ（動画が撮れるデジタルカメラ），プロジェクター，スクリーン

目標

☑ つくったものの動かし方，撮り方，演出を工夫しながら動画作品の物語を考えている。
（発想・構想）

☑ 撮影した動画作品から，動かし方，撮り方，演出などの表現のよさをとらえている。
（鑑賞）

題材について

つくったものをおもしろく動かしたり，視覚的な演出をしたりして，楽しい特撮ビデオ動画をつくって鑑賞し合う題材である。

ビヨ〜ン！おもしろい動きを試しながら

動かし方を試しながら材料を選びつくること，つくったものの動きが生きるような話を考えて撮影することを特撮ビデオづくりのポイントとする。基本は３〜４分程度の動画作品を個人製作で進めていくが，撮影時にはグループで話し合ったり協力し合ったりしていく。どのような作品にしていきたいかをグループの協力者に伝える手段として，口頭はもちろん，４コマ程度の絵コンテにまとめたり，撮影範囲を示す手づくりフレームからのぞかせたりする方法も提示し，選ぶようにさせる。

「ちょっとだけ上映会」
希望者の途中作品を上映し，みんなで動かし方や撮り方の工夫を見付ける。

電車に乗るぞ〜

子どもの発見→遠近の錯覚の活用
人物を遠くに置き，つくったものと重ねて撮影すると，人物を作品の世界に入れることができる。

表現のよさを見付けよう

見え方の発見を大切にして

学習の展開

特徴や動かし方を工夫しながら，特撮ビデオに出演するものをつくる ▶2時間

> 😊ビデオに登場するものが，どんなことをするのかを考えながら，動かし方を工夫してつくろうね。
> 😃何でも食べてしまうモンスターだから，口がパクパクするようにしよう。
> 😃つるして飛ばせたいから，ペットボトルでスペースシャトルをつくろう。

支援のPOINT 画面の外から糸などで吊ったり引っぱったりして操作させて動かすことを意識して製作をさせる。
用意した多くの材料を十分に触れ，「フニャフニャ動く」「伸びる縮む」「開く閉じる」などの特徴をとらえるようにさせる。

評価のPOINT 材料の特徴や動かし方を考慮しながら工夫しているか。

ペットボトルがシャトルの胴体に

つくったものを動かして，特撮ビデオを撮影する ▶3時間

> 😊つくったものの動かし方や撮り方を工夫して，おもしろい特撮ビデオ動画をつくろうね。
> 😃2本の棒でつるした方が，スペースシャトルが思った通りに動かせるよ。
> 😃宇宙飛行士は，ピョコピョコ動かすとおもしろい。

支援のPOINT カメラの録画・再生等の基本操作は事前に行う。
場所を選んだりつくったりしながら，撮り方を考えさせる。
撮影場所の環境づくりは個人で行い，ペアやグループで交代しながら協力して撮影させる。
朝や昼の時間で希望者の途中鑑賞を設定してもよい

評価のPOINT 表したい場面になるように，撮り方を工夫しているか。

動きを確かめながら

協力者と撮影の相談

イメージを共有し，協力して撮影

完成した特撮ビデオ動画を発表し合い，ふさわしい賞を考える（プチアカデミー賞） ▶1時間

> 😊見どころを話してください。どんな動かし方や撮り方を工夫したのかも説明してください。
> 😃車のレースをしていていたら，大きな口のモンスターが現れます。追いかけられるお話なので，途中で止めて向きを色々変えて撮りました。

支援のPOINT 映像としての楽しさを言葉にして，一人一人の賞を決める。

評価のPOINT 「動かし方」「撮り方」などの映像としての楽しさをとらえているか。

パクパク怪物
大迫力で賞

映像の楽しさを賞の言葉に

〈安田 拓之〉

| 5年 | 6時間 | 鑑賞 | 絵画 |

41 クイズ！わたしはだれでしょう

自分の名前を絵クイズで表わす。自分はどんな人間かを見つめながら，表現する。
インタビュー形式で鑑賞を行う。

マイクで楽しくインタビュー

準備するもの
○**材料** 四つ切り画用紙，身辺材料　○**用具** のり，はさみ，絵の具，色ペン

目標

☑ 自分の名前を表現することや，友達の名前をとらえる鑑賞活動を楽しんでいる。
（関心・意欲・態度）

☑ 自分はどんな人間なのか何をかくと自分らしいのか，自分を表現するのに合った表現方法を考えている。
（発想・構想）

☑ 表現したいものがよく表れるような画材や材料を選び，イメージに合うように工夫して着色したり，接着したりすることができている。
（創造的な技能）

☑ 友達の表現をよくとらえたインタビューをすることができている。
（鑑賞）

題材について

自分の名前をデザインの中に組み入れ，自分らしさが表れる表現技法や飾り付けをして絵クイズに仕上げていく。クイズとして作品の中の名前を探したり，表現のよさや思いをインタビューしたりして鑑賞を楽しむ。題材の実践にあたり3つの支援をしていく。

好きな果物や遊びを並べて

手立て1「自分探しマップ」
自分らしさを表現に出すためのアイデアを引き出すために，「自分探しマップをつくる。

手立て2「6カード」
子どもが未体験の6つの表現技法を体験する活動を設け，「6カード」として冊子状にまとめる。作品製作に生かすことができるようにする。

算数が好きなことを伝えたい

手立て3「なま絵クイズマスターにインタビュー」
作者を「なま絵クイズマスター」と呼び，インタビューするように行う。マイクを使って，表現の「友達らしさ」を肯定的に称賛したり，積極的に質問したりして表現の細部まで鑑賞する。

学習の展開

1 「自分探しマップ」づくりからなま絵クイズのアイデアを考える　▶1時間

- 😊 自分らしさがいっぱいの「なま絵クイズ」をつくります。自分らしさが表れるものを言葉でつないで広げよう。自分探しの旅だよ！
- 😀 野球が好きだから，ボール，グローブ，バット……

支援のPOINT　「自分らしさ」のキーワードとして好きなこと・もの，夢や願い，性格などを考えさせる。自分の名前の由来や漢字の意味も調べさせるとよい。
アイデアスケッチは，何種類もかき込めるような形式のものも用意するとよい。アイデアを伝えたり，質問に答えたりするグループのコミュニケーションも取り入れてもよい。

評価のPOINT　「自分探しマップ」の言葉をもとに自分らしい「なま絵クイズ」のアイデアを考えているか。

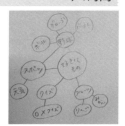
「自分」のキーワード

2 新しい表現技法を体験して，それをまとめた「6カード」をつくる　▶1時間

- 😊 それぞれの表現方法はどんな感じがするかな。
- 😀 うすくぬった絵の具にペンで飾り付けると，かわいらしい感じで好き！

支援のPOINT　6つの新しい表現方法を体験させ，それぞれどんな感じか発表させ，イメージを共有するとよい。

評価のPOINT　様々な表現方法を楽しみ，それぞれの表現技法からどんな感じが伝わってくるか考えているか。

 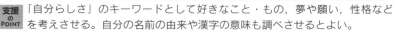
①切ってひっくり返す　②絵の具の彩色にペンの模様　③絵の具の重なりやにじみ

④形の重なりを消して表す鏡　⑤色を組み合わせた点描　⑥パスのステンシル（こすり出し）

3 表現技法を生かして「なま絵クイズ」に表す　▶3時間

- 😊 自分が表したいものがうまく表れる表現方法を選ぼう！自分らしさが伝わる「なま絵クイズ」に仕上げよう！　色画用紙で表したり材料を貼ったりしてもいいよ！
- 😀 ほんわかした感じにしたいから，パスのステンシルで周りを飾ってみよう。

支援のPOINT　自分のイメージに合わせて，経験してきた表現技法や「6カード」を生かすようにうながすとよい。

評価のPOINT　自分のイメージがよく伝わるように表現方法を選び，自分らしい「なま絵クイズ」を考えているか。

4 「なま絵クイズ大会」で，作品から作者を予想して当て合う　▶20分

支援のPOINT　文字の形だけでなく，周りに表してあるものから，学級の友達らしい部分を探すようにうながす。

評価のPOINT　表現されていることから友達らしさを考え，「なま絵クイズ」の作者を予想しているか。

5 「なま絵クイズマスター」にインタビュー鑑賞をする　▶25分

- 😊 今からの「リサーチタイム」では，クイズマスターの「なま絵クイズ」のいいところをたくさん質問して見付けよう。
- 😀 かっこいいこの王冠は，どんな意味があるんですか？
- 😀 今のサッカーチームで優勝したい気持ちを表しました。

支援のPOINT　互いにインタビューの相手を「なま絵クイズマスター」と呼び，敬意をはらうように促すことで，相手の表現を肯定的にとらえるようにする。

評価のPOINT　「なま絵クイズ」から，その友達らしい表現をとらえることができているか。

ぼくは○×記号のパズルが好きなんです
なるほど！この記号にそういう意味が……

〈八神　まゆ〉

6年 ⏰ 8時間 鑑賞

42 アートカードを使って美術作品に親しもう〜心に浮かぶ夢の世界〜

アートカードを使って，ゲームをしながら美術作品に親しみをもつ。

準備するもの
○材料　名古屋市美術館アートカード，ワークシート，四つ切り画用紙
○用具　絵の具

アートゲームの様子

目標

☑ 美術作品に関心をもち，様々な美術作品を見ることを楽しんでいる。**（関心・意欲・態度）**
☑ 美術作品から形や色の工夫を感じ取り，そこからイメージを広げている。　**（発想・構想）**
☑ 広がったイメージから，自分の思い描く世界になるように工夫して彩色している。

（創造的な技能）

☑ 友達と作品を見合い，どのアートカードから広がった世界かを考えたり，題名の工夫を味わったりしている。
（鑑賞）

題材について

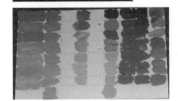
混色見本

絵カードからイメージを広げた作品

　名古屋市美術館のアートカードを使い，テーマをもって鑑賞することを通して，様々な表現方法に触れ，自分の見方や感じ方を広げることができるようにすることをねらいとした。また，形や色にこだわってアートカードをじっくり見て真似をして自分の絵カードをつくる。そして，じっくり見て，真似をしてできた絵カードからイメージできるものを言葉としてつなげていき，その言葉から想像できる夢の世界を絵として表現する。

　さらに，自分の思いを広げ，友達の思いを感じ取るために，出来上がった作品を見て，どのアートカードがもとになったかを考えたり，友達の作品に合う題名を理由とともに考えたりする鑑賞をしていく。

学習の展開

 アートカードに親しむ ▶2時間

> 😊「キーワードクイズ」「スリーヒントクイズ」をするよ。
> 🧒（じっくりカードを見て）これだ!!

支援のPOINT スリーヒントクイズを，自分でも考えられるようなワークシートを用意する。

評価のPOINT アートカードをじっくり見ているか，カードから感じた形や色についてのつぶやきや，ワークシートの記入からとらえる。

アートゲームに夢中！

 アートカードの真似をして絵をかく ▶1時間

> 😊形や色をよく見て真似してみよう。
> 🧒この色は何色と何色を混ぜたのだろう？

支援のPOINT 絵の具の混ぜ方を黒板に提示しておく。

評価のPOINT 形や色をよくとらえているか。

アートカードをじっくり見ながら

 絵カードからイメージを広げ，夢の世界を絵に表す ▶4時間

> 😊絵カードから広がる言葉をイメージマップにしよう。
> 　言葉から想像する夢の世界を絵に表してみよう。
> 🧒宇宙の世界！　氷と海の広がる世界！　虹の果物たち！

支援のPOINT イメージマップで絵カードから広がるイメージを膨らませる。

評価のPOINT アートカードの形や色のよさに気付き，そこからイメージを膨らませて絵に表そうとしているか。
自分の思いに近づけようと，彩色の工夫をしているか。

イメージを広げて絵を製作

 友達の作品を鑑賞する ▶1時間

> 😊友達の作品は，どのカードから広がった世界でしょう。
> 　友達の作品を見て，題名を考えてみよう。
> 🧒あっ！　これはあのカードだ！
> 🧒「鳥の羽ばたき」かな。

支援のPOINT 作者の考えた題名は絵の下に入れておく。友達の作品に題名を付けて，絵の下に入れていく。

評価のPOINT 友達の作品に合う題名を考えているか。

鑑賞会の様子

〈松本　明美〉

第 3 章　実物写真で分かる！「造形作品展」計画と運営ガイド

✳ 作品展の計画と運営

1 目的を明確にする

- 児童の達成感を大切にし，つくり出す喜びを味わうことができるようにする。
- 教師が事前に教材研究をし，材料や用具の使い方等の指導ポイントを把握する。

2 運営は全職員が協力する

- 具体的な指導計画を立て，職員間での共通理解を図る。
- 職員会議や朝の打ち合わせを活用し，進捗状況の確認や準備の呼び掛けをする。

3 学校と保護者や地域とのつながりの場にする

- 製作過程を展示して，日頃の児童の様子をつかむことができるようにする。
- ワークショップで，保護者や地域の方とのふれ合いの場を設定する。
- アンケートを活用して，保護者や地域の方の声を募る。

4 事後を大切に

- 表現や鑑賞の事後指導を行う。
- 運営面での反省を次回に生かしていけるようにまとめておく。

✳ テーマ

作品展のテーマを決め，共通の製作イメージをもつことが大切

会場に入った時に目につく大きさ

照明を利用したテーマ展示

段ボールを積み上げたテーマ展示

「森」や「お話し」といったイメージ

第3章 実物写真で分かる！「造形作品展」計画と運営ガイド 103

✴ 展示の工夫 （1）題材表示

活動の目標や作品製作のポイント等，どんな題材なのか分かるような表示

イメージに合わせて自然物を使った表示

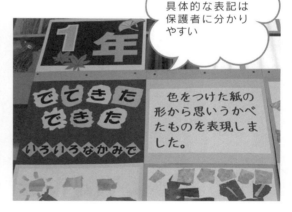

具体的な表記は保護者に分かりやすい

活動の様子を写真で表示

動画で活動の様子を見せる展示

✴ 展示の工夫 （2）より深く題材を知るための工夫

どんな思いでつくったか来場者に伝わるような工夫が大切

光に透かしていろいろな魚の形を発見

実際に遊ぶことができるような展示

作品のテーマになった物語を読む場所

製作過程を写真で展示

✾ 展示の工夫 （3）器具の活用

運動会で使うテントの骨組みを活用したゲート

つるす時はフラフープを使うと便利

椅子や机も置き方により印象が変わる

跳び箱を活用した題材表示

防球ネットにつり下げる作品展示

✽ 展示の工夫 （4）空間の活用

布を使って作品をつるす等，広い空間を活用することが大切

見栄えをよくするため段差をつける

一つの世界にみんなの作品を集めて

共同製作でつくった絞りの布を展示

自画像を上からつり下げて展示

✴ シンボルやモニュメント

作品展のテーマに合わせた巨大なシンボル（ウロコがアンケートになっている）

児童会や実行委員会で協力してつくる

開校80周年のお祝いモニュメント

ライトアップの時間を設定した展示

来場者が楽しめるようなモニュメント

✴ 会場までの動線

卵のパックにカラーセロファンを入れた窓の装飾

廊下にも日頃の活動風景を写真で展示

階段の装飾で会場までの気分を高める

色水を入れたペットボトル

会場へ入るゲートも大切な展示

✲ 声の交流

保護者や地域の方からの声をどんどん貼っていってもらうコーナー

各学年ごとに感想をまとめるBOX

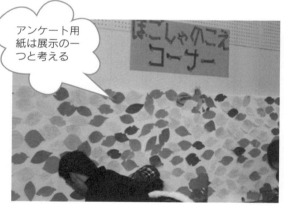

アンケート用紙は展示の一つと考える

たくさん集まったアンケート

よく見ると140周年になっている

✸ ワークショップ

小さい子でも分かりやすく安全に行えるものがふさわしい

たくさんの来場者に参加できるコーナー

つくった作品は展示して会場を彩る

安全面に配慮した道具や材料

紙コップを活用したものづくり

執筆者一覧（執筆順）

赤尾　重雄　　名古屋市立筒井小学校長
河口　貴子　　名古屋市立西前田小学校
三浦　　薫　　名古屋市立矢田小学校
永峯　　亮　　名古屋市立小幡北小学校
松本　明美　　名古屋市立南陽小学校
辻本　哲也　　名古屋市立柴田小学校
安田　拓之　　名古屋市立赤星小学校
伊藤　　充　　愛知教育大学附属名古屋小学校
間宮めぐみ　　名古屋市立那古野小学校
八神　まゆ　　名古屋市立北一社小学校
土屋真紀子　　名古屋市立津賀田中学校
大島　聖矢　　名古屋市立千鳥小学校
沢代　宜往　　名古屋市立西城小学校
秋田　英彦　　愛知教育大学付属名古屋中学校
原　　千絵　　名古屋市立平針小学校
土屋　　薫　　名古屋市立飯田小学校
児玉美恵子　　名古屋市立戸笠小学校
磯部　裕一　　名古屋市立西山中学校
柿崎　丈史　　名古屋市立鳴海小学校
塚本　雅子　　名古屋市立東山小学校
山田　洋揮　　名古屋市立柳小学校

【著者紹介】
名古屋市造形教育研究会
（なごやしぞうけいきょういくけんきゅうかい）
名古屋の造形教育の振興を図るために，会員相互の研究及び親和を目的として発足。昭和52年に会則を定め，目的達成のために，庶務・広報・研究・事業の４つの部会を編成
主な事業は，①研究会・講演会・展示会等の開催及び後援，②造形教育に関する研究，③機関誌の発行，④他の造形教育団体との連携提携，⑤その他造形教育振興上必要な事項について
毎年，夏季休業中，授業研究，講演会を中心とした，教員の力量向上のための「夏の造形研修会」を開催

本文イラスト　木村美穂

新教科書完全対応
楽しいアイデアいっぱい！
小学校図画工作 ザ・ヒット題材

2015年２月初版第１刷刊　Ⓒ著　者	名古屋市造形教育研究会
発行者	藤　原　久　雄
発行所	明治図書出版株式会社
	http://www.meijitosho.co.jp
（企画・校正）木村　悠	

〒114-0023　東京都北区滝野川7-46-1
振替00160-5-151318　電話03(5907)6703
ご注文窓口　電話03(5907)6668

＊検印省略　　　組版所　株式会社ライラック

本書の無断コピーは，著作権・出版権にふれます。ご注意ください。

Printed in Japan　　　　　　　　ISBN978-4-18-178232-0

チームで覚えて誤答が激減！
小学校の全漢字1006字の「書き」ラクラク覚え方辞典

杉﨑哲子 著

A5判148頁・1800円＋税
図書番号 ：1232

何度書いても覚えられなかった漢字が、一工夫で一気に習得！

読めるけど書けない！パソコンの普及で手書き経験が減り、漢字の「書き」習得の対策が急務。
本書では、小学校の全漢字1006字を対象に子どもの誤答を分析し、間違える原因を解明、覚えやすくするための新指導法を開発しました。
正しく覚えれば字形も自然ときれいに！

全ページで、子どもたちにありがちな間違った漢字の具体「あるある誤答例」を掲載！

1年生学習漢字「赤」の誤答例

赤 赤 青 赤 赤

✎ こんな場面でぜひ活用してください！

- ●学校で…単元と単元の間に「漢字学習」の時間を設定して。
　　　　　新出漢字を扱う際の、誤答を防ぐ事前の教材研究として。
　　　　　外国人や帰国子女、特別支援や書字に悩みを抱える児童・生徒への対応に。
- ●家庭学習で…ご家族で、漢字について話しながら。
- ●書塾で…競書の課題にある漢字に関連づけて。

明治図書　携帯・スマートフォンからは **明治図書ONLINEへ**　書籍の検索、注文ができます。▶▶▶
http://www.meijitosho.co.jp　＊併記4桁の図書番号（英数字）でHP、携帯での検索・注文が簡単に行えます。
〒114-0023　東京都北区滝野川7-46-1　ご注文窓口　TEL 03-5907-6668　FAX 050-3156-2790

＊価格は全て本体価格表示です。

計算力・思考力を鍛える！
宮本哲也の算数トレーニングパズル　たし算・ひき算編

宮本算数教室　**宮本哲也**　著　　　B5判　本体1900円＋税　図書番号【1781】

宮本算数教室のパズルが学校バージョンでついに登場！

小学生にとって計算練習は、"つまらないけどやらないといけない"もの。しかし、子どもの学力を伸ばすのは、やさしくても難しくても、"とにかく面白い教材"だけです。朝学習、算数授業の導入、スキマ時間の10分で子どもがとりこになります！

人気のパズルを90題収録！

宮本算数教室のパズルがコピーして授業で使える！

明治図書
http://www.meijitosho.co.jp
〒114-0023　東京都北区滝野川7-46-1　ご注文窓口　TEL 03-5907-6668　FAX 050-3156-2790

携帯・スマートフォンからは **明治図書ONLINEへ**　書籍の検索、注文ができます。▶▶▶
＊併記4桁の図書番号（英数字）でHP、携帯での検索・注文が簡単に行えます。
価格は全て本体価格表示です。

💬 描いた絵から その子のメッセージが 読み解ける！

子どもの絵の謎を解く
127の実例でわかる！絵に込められたメッセージ

ふじえみつる 著

子どもの絵は「かわいい」けど「でたらめ」でわからない！ そう困ったことはありませんか？ 子どもは絵をとおして、感じたことを訴え、表現しているのです。本書では127の子どもの絵の実例をもとに、描画の発達プロセスと子どもの心の働きを理解する目を養います。

もくじ
- Chapter 1 描画の発達を理解しよう
- Chapter 2 実例でわかる！子どもの絵の「読み解き方」
  なぐりがき／線の「ものがたり」／マンダラと太陽／頭足人／命名／図式（スキーマ）／観面混合／ばらまき画とカタログ画／基底線／展開図法／異時同図／レントゲン画／重なり／遠近感の表現／カラフル・レインボー／模倣／連続して描く絵
- Chapter 3 子どもの表現力を伸ばす指導のポイント

B5判・2260円＋税
【図書番号】0590

この1冊でバッチリ成功！
学級担任の図工授業完ぺきガイド

小学校図画工作授業づくり研究会 著／竹井 史 編著

💬 学級担任にしかできない図工授業がある！

「不器用だし、製作途中の言葉かけや、作品のほめ方も分からない…」そんな理由で図工は苦手という先生も、心配ご無用！ ①子どもの表現したい気持ちを育て、②環境をつくり、③思いを受け止める この3つができればOK！ 図工授業のノウハウが丸ごとつまった、待望の一冊です!!

もくじ
学級担任だからできる！図工の授業／図工授業が得意になる指導のテクニック／図工授業がとびきり楽しくなる授業アイデア…造形遊び・絵画・紙工作・木工作・エコロジカル工作・彫塑・地域教材・鑑賞／子どもの成長を見逃さない図工の評価のポイント／これで作品が見違える！展示のレベルアップ術 など

A5判・1960円＋税
【図書番号】0271

明治図書　携帯・スマートフォンからは **明治図書ONLINEへ**　書籍の検索、注文ができます。▶▶▶

http://www.meijitosho.co.jp
〒114-0023 東京都北区滝野川7-46-1　ご注文窓口　TEL 03-5907-6668　FAX 050-3156-2790

＊併記4桁の図書番号（英数字）でHP、携帯での検索・注文が簡単に行えます。

＊価格は全て本体価格表示です。